在博物馆里看中国历史

三国两晋南北朝史

邹玥 —— 编著　　马尔克斯文创 —— 绘

北京理工大学出版社
BEIJING INSTITUTE OF TECHNOLOGY PRESS

图书在版编目（CIP）数据

在博物馆里看中国历史 : 全 6 册 / 边庆祝等编著 ；
马尔克斯文创 , 童圆文化绘 . -- 北京 : 北京理工大学出
版社 , 2025. 4.
ISBN 978-7-5763-4934-4

Ⅰ . K209

中国国家版本馆 CIP 数据核字第 2025N20C43 号

责任编辑：李慧智　　　**文案编辑**：李慧智
责任校对：王雅静　　　**责任印制**：施胜娟

出版发行 / 北京理工大学出版社有限责任公司
社　　址 / 北京市丰台区四合庄路 6 号
邮　　编 / 100070
电　　话 / （010）68944451（大众售后服务热线）
　　　　　　（010）68912824（大众售后服务热线）
网　　址 / http://www.bitpress.com.cn

版 印 次 / 2025 年 4 月第 1 版第 1 次印刷
印　　刷 / 武汉林瑞升包装科技有限公司
开　　本 / 889 mm×1194 mm　1/16
印　　张 / 48
字　　数 / 720 千字
定　　价 / 299.00 元（全 6 册）

图书出现印装质量问题，请拨打售后服务热线，负责调换

你们知道吗？大禹三过家门而不入，胸怀怎样的壮志与担当？诸葛亮未出茅庐便知天下三分，是何种睿智在他脑海闪耀？霍去病高呼"匈奴未灭，何以家为"，是何等的豪情壮志？历史，从来不是故纸堆里的陈旧记载，而是智慧的源泉，是灵魂的滋养。知历史，能让我们找到前行的坐标；明历史，有益于我们洞察人心的幽微；悟历史，可助我们拥有披荆斩棘的力量。历史就像一座蕴藏无尽宝藏的矿山，越深入挖掘，等待你的越有可能是珍稀的宝物。

博物馆就是那座与历史紧紧相连的桥梁，是岁月精心雕琢的宝库，承载着人类的辉煌与沧桑，以独一无二之姿态静立于尘世，等待世人揭开历史的神秘面纱。那古老的青铜鼎，斑驳的锈迹如同岁月的泪痕，神秘的纹路宛如古老的密码，诉说着祭祀的庄重、王朝的更迭。还有那色彩斑驳的壁画，犹如一部部生动的史书，尽显市井的热闹喧嚣、宫廷的奢华繁缛；人物的神情姿态、举手投足，尽显古代生活的千姿百态。那些古老的书卷，纸张虽已泛黄，却承载着历史的真相，甚至一个字就可能激活一段鲜为人知的历史。一件文物，一个事件，一则故事，或如激昂的战歌，或如悲壮的挽曲，或似温情的牧歌，或像残酷的警钟，交织成一幅五彩斑斓又深沉厚重的历史画卷。牧野之战的战火仿佛从未熄灭，楚汉英雄的智慧与勇气令人叹为观止，淝水之战以少胜多的辉煌展现出惊人的力量……那些为了信念、为了家国正义而慷慨赴死的将士们如同璀璨星辰，在历史的黑暗中闪耀着永不磨灭的光辉。

历史就是这样一面镜子，映照着人类的兴衰荣辱，也映照出人性的光辉与阴暗。从商纣王的酒池肉林导致王朝覆灭，到贞观之治的开明盛世成就繁荣昌盛，历史的教训与经验如洪钟大吕，振聋发聩。历史告诫我们，在困境中要坚守希望，在繁华中要保持清醒，骄奢淫逸是堕落的深渊，励精图治是兴盛的基石。

对于孩子们而言，博物馆里的文物和历史故事，是一扇扇通往神秘世界的大门，是

序

点燃他们好奇心与求知欲的火种。当孩子们站在这些古老的文物面前，心中会涌起对未知的渴望、对历史的敬畏。这些文物和故事，就像播撒在孩子们心田的种子，一颗承载着对神秘历史无尽向往与渴望的种子。在岁月的润泽下，这颗种子会生根发芽，成长为一棵庇荫心灵的大树，最终成为人生中最宝贵的精神财富。

这套"在博物馆里看中国历史"书系，以博物馆为契机，将文物、历史、故事、人文百科知识有效结合，旨在用真实的文物串联起整个中国史，用肉眼可见的、可以触摸的东西，带给孩子更真实的历史体验感。全套书按时间顺序分为史前夏商周史、春秋战国秦汉史、三国两晋南北朝史、隋唐五代十国史、宋元辽夏金史、明清史 6 册，从史前云南元谋人开始，一直讲到清朝灭亡。书中设置文物档案、博物馆小剧场、历史小百科三大版块。其中，"博物馆小剧场"以第一人称的形式讲述特定历史时期的事件，胶片式的设计风格、活泼生动的表达方式，让孩子们既能享受到看电影一般的爽感，同时又能轻松掌握特定时期的历史发展变化。全书在内容的编写上，既尊重历史的真实性，又充分考虑当代孩子的阅读习惯和兴趣，语言生动有趣，极具可读性。图片上既有真实的文物考古图，又有精美的手绘插图，极具审美和艺术欣赏的价值。

当孩子们翻开这套书籍时，就如同开启了一部神奇的时光机，可以与古人对话、与历史相拥。愿这些历史的遗珠绽放出的智慧光芒，照亮孩子们前行的道路，使他们在喧嚣的现代社会中，拥有一片宁静而深邃的精神家园。

2025 年 1 月　于林甸

目 录
CONTENTS

第一章
波谲云诡的三国时代

目 录
CONTENTS

第二章
纷繁芜杂的两晋时代

第三章
纷争不断的诸国

目 录
CONTENTS

第一章

波谲云诡的三国时代

第一节

揭竿而起的黄巾起义

文物档案

名　称：汉代"苍天乃死"文字砖

出土地：安徽省亳州市曹操宗族墓地

特　点：上有"苍天乃死"等字样。此砖与黄巾起义有关。

收　藏：中国国家博物馆

东汉末年，朝廷腐败，宦官专权，社会动荡不安，百姓流离失所。在这种情况下，一个名叫张角的人，在民间创立了太平道，以宗教笼络人心。他凭借自身医术并结合奇书《太平要术》上的指点救助民众，在贫苦百姓中树立了威望。几年的时间，张角便吸引了数十万民众投靠。

184年，张角与其弟张宝、张梁带领众多农民，打着"苍天已死，黄天当立，岁在甲子，天下大吉"的旗号发动起义。因为他们头戴黄色头巾，故而被称作黄巾军。黄巾军所到之处，皆得到当地民众的积极响应，迅速席卷全国，这引起了朝廷的恐慌。朝廷连忙派兵镇压，最终于当年年底平定了黄巾起义。

下面就让我们走进博物馆小剧场，一起了解下黄巾起义吧！

博物馆小剧场　黄巾军的征召令

1 又一场瘟疫席卷了我们这里，我也没能逃过这一劫。不过，我听乡亲们说，有个叫张角的人可以治愈瘟疫。听说他的方法很神奇，只要喝下带有符纸的水，很快就能痊愈。我决定去看看。

2 符水太神奇了，我真的痊愈了。张角还告诉我们，只要追随他加入太平道，就可以给我们分土地，从此远离饥饿和贫困。被压迫了这么久，我们都渴望一个生的希望，没等他说完，我就决定加入太平道。

3 离起义的日子越来越近了。首领怕混乱中伤及我们的产业和家眷，命我们回家在房前刻上"甲子"二字作为标记。首领想得真是周到，这下开战后我们就无后顾之忧了。

4 我们被首领的一个门徒告发了！事发突然，首领决定提前起义。我们郑重地在头上系上黄巾，大喊"苍天已死，黄天当立，岁在甲子，天下大吉"，然后在首领的带领下义无反顾地冲了出去！

黄巾起义作为中国历史上一次大规模的农民起义，虽然最终失败了，但它对东汉的政局改变产生了巨大的影响。为了尽快平定战事，朝廷允许地方政权集结军队。这一举措虽然达到了剿灭起义军的目的，但也分散了中央的军事力量，还为后期地方势力拥兵自重、割据一方埋下了伏笔。在农民起义的打击下，腐朽的东汉王朝名存实亡，并最终走向了灭亡。

历史小百科

黄巾军为什么选择黄色为标志？

当时，社会上盛行阴阳家邹衍提出的"五德终始说"思想。"五德"指五行木、火、土、金、水所代表的五种德性，"终始"指"五德"的周而复始的循环运转。根据这个学说的规律，两汉的德性是火德，火生土，所以下一个朝代的德性应该是土德，而代表土的颜色就是黄色，所以起义军选择头戴黄巾，寓意取代处在崩溃边缘的东汉。

"白马东啃"

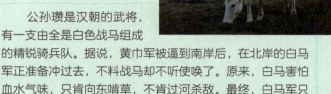

公孙瓒是汉朝的武将，有一支由全是白色战马组成的精锐骑兵队。据说，黄巾军被逼到南岸后，在北岸的白马军正准备冲过去，不料战马却不听使唤了。原来，白马害怕血水气味，只肯向东啃草，不肯过河杀敌。最终，白马军只好悻悻而去。这件事后来被民间戏谑为"白马东啃"，意为胆小怕事、尿（sóng）包。

第二节

董卓挟天子以令诸侯

文物档案

名　称：东汉青铜马

出土地：襄阳市樊城区张济墓

特　点：国内出土体型最大的青铜马，原大复刻董卓大将张济的战马。

收　藏：襄阳市博物馆

　　黄巾起义后，凉州豪强联合羌人又发动了叛乱，朝廷派遣军司马董卓参与联军的讨伐行动。董卓在战场上所向披靡，同时趁机壮大着自己的军事力量。朝廷察觉到了董卓的"不臣之心"，几次让董卓把兵权交出，董卓却拒不服从。189 年，大将军何进要董卓入京协助其诛灭宦官。在何进和宦官两败俱伤后，董卓才出面。他自知并不是朝中众多兵将的对手，于是运用权术造出"援军无数"的假象，成功震慑住了袁绍、曹操等人，迫得他们为求自保纷纷弃兵而逃。董卓带着大将张济等人顺势吞并了这些军队，并趁乱攻进洛阳。同年九月，董卓废汉少帝，立陈留王刘协为帝，即汉献帝。董卓自称太师，开始"挟天子以令诸侯"，独揽朝政。

◉ 博物馆小剧场　　董卓叛乱记

1 虽说镇压黄巾起义时我因不敌张角被免官，但在西北动乱的关头，朝廷再次起用我，让我和皇甫嵩一起作战。我们兵分六路追击羌人，其中五路都一败涂地，只有我统帅的军队全师而还，这就是真正的实力。

2 朝廷又下发了诏令，不用报我也知道，肯定又是让我交出兵权。可笑，我的军队只听命于我，凭什么给他们？况且现在的朝廷软弱无力，我才懒得搭理。

3 前两天我收到一封密信，是何进让我进京助他一臂之力。我率军刚赶到洛阳附近，他又要我原地待命。何进对我居然有戒心！我才不听他的，带着军队直到洛阳西郊才停下来观望。

4 京中有变，何进居然被宦官杀了！为了壮大兵力，我用了一招"虚张声势"，收编了袁绍和曹操的兵马。我趁乱入京后，一不做二不休，立9岁的刘协为帝，而我就是堂堂太师了！这天下由我掌控了！

董卓不仅剥夺了何太后作为国家最高决策者的权力，还将9岁的汉献帝玩弄于股掌之间，成为东汉政权的实际操控者。董卓还通过拉拢军阀和地方豪强等手段，削弱了中央政权的控制力，致使国家治理陷入混乱。他的专权暴政激化了东汉政权内部矛盾，使得原本就岌岌可危的东汉政权更加动荡不安，很快引发了各地的民众起义和地方豪强的反抗。

历史小百科

"忠心耿耿"的军队

董卓的兵将们为什么愿意跟着他一起犯上作乱呢？原来，东汉的军制已经从西汉的"普遍征兵制"转向了"募兵制"。管理地方军队的刺史可以从自己的宗族和同乡中募兵，这就等于给了他们组建私兵的机会。此外，东汉"二重君主"观盛行，在民众眼里，同乡、族亲才是第一位的，朝廷可以往后排。而董卓的军队就是以宗族和同乡为核心的，所以这些兵将十分忠于董卓。

"虚张声势"的计谋

董卓在进入洛阳前，麾下不过3000步骑，而朝中的军事力量加起来达董卓军10倍还多。于是，董卓每天半夜时分带着部众悄悄出营，等到天亮后，再敲响战鼓浩浩荡荡地涌进城中。一连四五次后，成功营造出了"兵马上万人"的阵势。董卓使用这一招成功迷惑了袁绍、曹操等人，导致他们纷纷抛弃军队出逃，而董卓趁热打铁吞并了他们的军队。

第三节

群雄共讨董卓

文物档案

名　　称：东汉石辟邪

出土地：河南省洛阳市汉光武帝陵

特　　点：典型狮鼻，躯干颇似虎。重达8吨多，是中国目前最大的石辟邪。

收　　藏：洛阳博物馆

董卓独揽朝政以后，开始以残酷手段对待反对他的公卿，并纵容士兵烧杀抢掠，种种暴行让其成为天下公敌。最终在189年冬，东汉各地的军阀联合起来，推举袁绍为盟主，组建了关东联军，军队人数达数十万，自北、东、南三面对董卓军进行包围。董卓见关东联军来势汹汹，便胁迫汉献帝带着百姓迁都长安。在此期间，董卓一边部署三面环形防线阻击联军进攻，一边纵火焚烧宫廷、民宅，抢掠财富，使得洛阳方圆二百里内"尽成瓦砾"。

在讨董的三条战线中，曹操率领的东线和王匡率领的北线都不敌董卓大军，最终只有南线的孙坚一直在坚持。然而关键时刻，联军内部却发生了变乱，导致董卓没有被彻底驱逐，联军就解散了。

博物馆小剧场　　虎头蛇尾的关东联军

1 我听闻联军东线的人马最多，可那边的将领害怕我董卓的羌兵，不敢发起进攻。只有曹操不知死活，带着几千人马过来，结果被我打得屁滚尿流！这样一来，其他将领更加不敢出兵了，只知道喝酒作乐。

2 东线根本不足为虑。不过，王匡的北线人马开始渡过黄河向洛阳发起攻击了！我亲自率领军队，秘密从渡口北岸猛击王匡北线的后侧，导致他们全军覆没！

3 没想到孙坚有两把刷子。我派出去的胡轸不敌他的兵马，连我的悍将吕布都败在他手下。洛阳也被他们夺下。就在我焦头烂额的时候，联军出现内讧，袁绍趁机袭击孙坚的豫州驻地。哈哈，这联军不过如此！

4 只要我退守长安，就能让联军的包围战略扑空。我部署了三面环形防线抵御联军的进攻。既然联军想要洛阳，那我就烧毁这里，把所有值钱的东西都带走。剩个空城就让他们拿去好了！

　　东汉末年，朝纲腐败，宦官和外戚之间夺权斗争几近白热化。各地军阀为了维护自身的割据势力，纷纷加入讨董联军中。他们企图通过推翻董卓政权，消除一个强有力的中央集权势力，从而维护自身在地方的绝对地位。虽然讨董联军最终失败了，但是联军的进攻打破了董卓独霸政权的局面。董卓死后，群雄先后登上历史舞台，军阀混战的三国乱世就此拉开序幕。

历史小百科

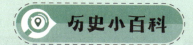

董卓五铢

　　董卓在掌握朝政大权后，做的第一件事就是铸造铜币。董卓将两京的铜都收集过来，然后铸造成缺斤短两董卓五铢，以聚敛大量财富。这种劣质小钱的长期流通，使得中原一带的经济遭到毁灭性打击。最后，百姓只能以粮食作为以物易物的"货币"，以致粮食成为稀缺物资，无数百姓因此饿死。

重见天日的东汉石辟邪

　　东汉石辟邪是在光武帝陵东南方向的位置出土的。专家认为它之所以会出现在那里，可能与董卓的火烧洛阳城有关。当时董卓不仅让洛阳城化为一片废墟，还在里面烧杀抢掠，并且毁坏了东汉帝王的陵墓。由此专家推测，这件石辟邪可能是被董卓部下推下深沟的，然后埋到了地下，直到现代才得以重见光明。

第四节

以少胜多的官渡之战（一）

文物档案

名　称：东汉铜奔马（又名马踏飞燕）
出土地：甘肃省武威市雷台汉墓
特　点：造型矫健俊美，显示出卓越的工艺技术水平。
收　藏：甘肃省博物馆

196 年，曹操在许昌迎奉汉献帝，并将许昌改称许都，挟天子以令诸侯，威势渐盛。199 年，随着其他割据势力基本被灭，曹操、袁绍南北两大集团壮大起来，矛盾也日趋尖锐。袁、曹双方都意图吞并对方实现统一，并开始积极备战。曹操先通过授予官职的方式笼络人心，还不计杀子之仇，使得张绣再次归降。此外，曹操还在官渡战场周围构筑阵地，囤积军粮，静待时机。袁绍则从数十万大军中精选出 10 万人作为南征的主力部队，又精心安排亲信负责粮草运输、先锋开路等任务，准备南下直取许都。就在双方剑拔弩张之际，刘备在徐州发动兵变，曹操亲自率兵征讨。经此一战，曹操军队士气大振，同时也解除了后方隐患。曹操与袁绍的官渡大战一触即发。

博物馆小剧场　曹军的备战谋略

1 为了与袁绍开战，丞相已经着手各方面的准备。丞相不仅让地方豪强卫觊、钟繇分别去关中和弘农镇守、安抚，主动交好前来观察局势的凉州从事杨阜，还把扬州牧韦端也拉拢了过来。

2 孙策不仅占据一方，具有一定的势力范围，还是一员难得的猛将。丞相之前封孙策为讨逆将军和吴侯，现在又和孙家建立姻亲关系。这就相当于把孙策也拉拢过来了。

3 丞相果然是个有大格局的人，居然不计较张绣的杀子之仇，顺利赢得了他的归降。听说张绣原本是想投奔袁绍的，还好丞相英明果断。这下我们的力量越来越壮大了。

4 我们的重点防御阵地选好了，就在袁军必经的官渡。这里有黄河作为屏障，是个好地方！丞相让我们在官渡修筑防御工事、囤积军粮、加固城垒。与袁绍军的大战我们已经准备好了！

从客观条件来看，袁军的数量是曹军的数倍，袁绍明显比曹操占据优势。面对一场以少战多的战役，曹操从各个方面做足了准备，包括兵将部署、军粮储备，以及地势利用等。此外，曹操以身作则，与将士们同甘共苦，使得军队上下一心，士气高昂。周全的战略部署、得当的兵力调配和高昂的士气为曹操取得官渡之战的胜利奠定了坚实的基础。

 历史小百科

铜奔马 X 射线扫描图

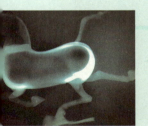

张绣塑像

铜奔马的主人

东汉铜奔马采用了陶范铸造法、分铸法等铸造工艺，马腿内铸有铁芯骨，可以加强马腿的强度和支撑力。从铜奔马非凡的造型设计和高超的铸造工艺可以推断，它是墓主人生前特制的一件随葬品。而关于墓主人，专家结合文物铭文推断，可能是当时驻守武威郡的一位张姓将军。至于是张江、张绣，还是张骏，尚无定论。

张绣与曹操的杀子之仇

曹操率领大军征讨张绣，张绣求降。曹操一时得意忘形，纳了张绣的婶娘为妾，令张绣愤怒至极。谋士贾诩建议张绣跟曹操说"因为我军没有足够的车辆来运送甲胄，所以只能先把甲胄穿在身上"，以此迷惑曹操。曹操深信不疑。等到张绣的军队全副武装进入曹营后，便发动了突袭。曹操的长子曹昂、侄子曹安民都死于这场战乱。

第四节

以少胜多的官渡之战（二）

文物档案

名　称： 官渡之战石砖

出土地： 安徽省亳州市曹氏墓

特　点： 铭文记述了官渡之战时，曹操重臣钟繇曾送往战场2000匹马一事。

收　藏： 亳州市博物馆

200年二月，袁绍亲率10万大军南下，官渡之战正式打响。袁绍派大将颜良强渡黄河，在白马围困住曹操的军队。曹操没有派兵前往白马营救，而是作势要袭击袁绍的侧后方，来分散袁绍的注意力。袁绍中计后，曹操立即派猛将率兵奔袭白马，大败袁军。九月，官渡之战进入攻防战阶段，双方相持不下。此时，袁绍的谋士许攸叛投曹操，并告知袁绍在乌巢囤积粮草的军情。曹操亲率5000名精锐连夜奔袭乌巢，并大肆放火焚烧袁军的粮草。袁军后援已断，死伤无数。袁绍见状，派兵夺取官渡阵地，并进攻曹营，却被曹军攻破。袁军溃败后，袁绍与其子袁谭带领800名骑兵逃回冀州。至此，官渡之战以曹操的胜利告终。此后，曹操通过一系列征战，逐步统一了北方。

博物馆小剧场　曹军以少胜多的战役

1 没想到袁绍率领大军直取我们的重要据点——白马。丞相知道后，亲自带领我们救援，我们的大将张辽、关羽直接对阵袁绍的大将颜良、文丑。经过激烈的厮杀，我们取得了胜利，士气大涨！

2 袁绍的谋士许攸来投靠丞相！他告诉丞相，袁军的粮草基地在乌巢。丞相二话不说，连夜带领我们突袭乌巢。我们放了把大火，烧毁了袁军的粮仓。成功把袁军的补给线给切断了。

3 袁绍接连两次失利后，集中兵力向我方在官渡的大军发起猛烈攻击。驻守官渡的曹仁尽管只有 5000 兵马，却巧妙利用步兵、弓箭手和投石车协同作战，一次次挡住了袁军的进攻。

4 丞相带领我们继续向北进军，袁绍得知后赶忙派大将迎击。哈哈，这不过是我们诱敌深入的计谋罢了。最终，袁军被我们的伏兵杀了个片甲不留。我们随即展开了激烈的反攻，把袁绍赶回了他的冀州老巢！

　　作为东汉末年的三大战役中的第一战，官渡之战历时 9 个月。在这场战争中，曹操采用奇袭乌巢等策略，使得袁绍陷入被动。最终，曹操以少胜多，赢得了这场战争的胜利。自此，曹操不仅稳固了北方的局势，壮大了自己的势力，还称霸一方，一举奠定了在中原地区的统治地位，让混乱的北方走向统一，并为日后三分天下局面的形成打下了坚实的基础。

历史小百科

曹操坚定不移的支持者

　　东汉末年，钟繇预感到大汉将亡。他独具慧眼看准了兖州牧曹操可担大任，之后便竭尽所能帮助曹操。他先是说服把持朝政的李傕、郭汜，给了曹操与皇帝建立联系的机会，又把出逃的皇帝带到曹操身边，让曹操得以挟天子以令诸侯。在官渡之战的关键时刻，钟繇又雪中送炭，给曹军送来战马。曹操曾称赞钟繇的功劳堪比汉高祖时的名臣萧何。

曹军大破乌巢

　　曹操带人袭击乌巢时，为了不惊动袁军，让士兵们用牛皮把马蹄包裹起来。曹军还将干草扎成牛、马的形状，浇上油，偷偷放在袁军粮仓的旁边。时机一到，城外的曹军弓箭手用带火的箭引燃这些火牛、火马。在大火的助力下，曹军顺利攻破了乌巢，彻底切断了袁军的补给。

第五节

赤壁之战（一）

　　200 年，曹操想借着平定北方的形势继续向南出兵，以实现一统天下的宏愿。筹备大战期间，曹操先是派人凿出玄武池，给不善水战的北方军做水上训练使用。曹操还废除三公之职，重新建立丞相制度并自任丞相，将朝政大全掌控在手中。208 年，曹操率军向荆州进发，一举收编刘琮降军，并与刘备在长坂坡激战，成功拿下荆州后，又一鼓作气继续向南进发。

　　面对来势汹汹的曹军，孙权在鲁肃的劝说下，决定与曹操决一死战。大战前夕，孙权派出鲁肃与刘备会晤，共议对策。之后谋士诸葛亮又受刘备之托，与孙权结盟，确定了共抗曹军的计划。208 年，孙权麾（huī）下周瑜携 3 万水师溯江而上，在赤壁与曹军相遇。大战一触即发。

博物馆小剧场　孙权的抗曹之路

1 密探来报，说曹操准备南下攻打我们。他还特意在邺城凿出了玄武池，让不善水战的北方士兵在里面进行水上训练。曹操刚刚又占领了荆州，看来，他意图一统天下了！

2 我和大臣们一起商讨到底是迎战还是归降。老臣张昭让我投降，而鲁肃却劝我坚决抵抗。周瑜也主张抵抗，他说我们物资充足，又有精兵猛将，而曹军的水军绝不是我们的对手。我觉得很有道理。

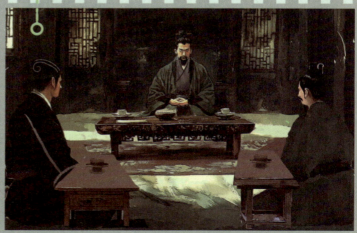

3 一天，诸葛亮受刘备之托，过来和我们共商对策。他建议我们和刘备结成联盟，一起对抗曹操。这个提议得到了大家的一致认可。让我将父兄打下的天下拱手让人，我可不干！

4 我让周瑜领着3万兵马前往江夏郡，与刘备、刘琦会合。没过多久，周瑜的前锋队伍与曹军居然在赤壁相遇了。好吧，大战马上要开始了。这是一场关乎国家存亡的战争，我们一定要赢！

在朝中多数大臣提议归降的情况下，孙权听取周瑜和鲁肃的建议，力排众议，决定与刘备结盟，共同抗曹。与此同时，曹操的军队虽然实力强大，但其中有很多是冀州和荆州降兵，所以忠心不足。相比之下，孙权和刘备的军队不仅军心稳固，而且水军优势显著。正是孙权的迎战决定和充分的准备，改写了天下的格局，为三国鼎立局面的形成奠定了坚实的基础。

🔍 历史小百科

华佗塑像

历史上真实的草船借箭

《三国演义》里诸葛亮草船借箭的情节，并不是史实，而是罗贯中根据孙权的经历改编的。据《三国志·吴主传》记载，213年，曹操率大军伐吴。一次，孙权乘船探查曹营时，不小心暴露了行踪。曹操命人疯狂向孙权乘坐的小船射箭。小船因为一侧射中的箭矢过多倾斜，眼看要沉了，孙权忙命人调转船头，使另一面也受箭，以保证船的平衡，然后孙权趁机逃离。罗贯中受此启发，创作了草船借箭的桥段。

被曹操怒杀的华佗

据推测，在曹操高陵出土的"魏武王常所用慰项石"，可能是用来治疗头风病的药物枕头。史料记载，有着"外科圣手"之称的华佗曾替曹操医治过头风病，且效果显著，因此曹操对华佗十分满意，并留用华佗。但因为曹操猜疑心过重，没多久华佗便借口妻子重病请求回乡，不愿意继续为曹操医治。华佗因此而惹怒曹操，最终被处死了。

第五节

赤壁之战（二）

文物档案

名　　称：上大将军吕侯都尉陈文和弩

出土地：湖北省赤壁市赤壁古战场遗址

特　　点：弩身刻有铭文"上大将军吕侯
都尉陈文和弩一张"，并绘有朱雀的形象。

收　　藏：湖北省咸宁市博物馆

　　赤壁大战开打后，曹军因水土不服和瘴气熏染，导致军中瘟疫横行，伤亡惨重。曹军与周瑜率领的水军仓促交锋后，不敢贸然进攻，在长江北岸与周瑜大军隔江对峙。听闻曹军不适应江上船只的摇晃，孙权的内应庞统假装投降曹操，然后献计让曹操将所有船只两两首尾连接，以便让士兵如履平地。曹操依计行事。见曹操中计，周瑜让黄盖带着数十艘所谓的粮船假装投降，实际上船上推满了灌着膏油的柴草。"粮船"一接近曹操水寨，便同时被点燃，然后趁着东南风冲向曹营。大火之下，曹军死伤无数。曹操无奈败退至巴丘，将剩余舟船烧毁，然后从华容道逃到江陵。孙刘联军乘胜追击，最终将曹操势力彻底逐出了荆州。自此，三国时代拉开帷幕。

博物馆小剧场　损失惨重的曹军

1 我们大军历经长途跋涉，终于来到了赤壁。没想到，将士们一个个都出现了水土不服。我们还遭遇了瘴气，有些人得了疫病。这仗还没打呢，身边的将士就倒下一半。这可如何是好？

2 上个月，我军和周瑜大军在江面上打了一场小仗。不知道是不是将士们还没恢复状态，竟然吃了败仗。丞相让我们撤回江北，等待时机，到时候和水军一起行动。

3 我们都来自北方，其实并不擅长水战，就连站在船上都感觉被晃得头晕目眩，真难以想象怎么打仗。幸好新投靠来的庞统献了一条妙计，让我们把船两两头尾相连。这下我们在船上就如履平地了。

4 没想到黄盖也投降了，他诚意十足，还带来了粮船。咦，怎么这些船都起火了？不好！我们中计了！那些着火的粮船飞速冲向我们的军营。我们被火海包围了！周围全是弟兄们的哀号……

　　赤壁之战是东汉末年三大战役中最为著名的一战，也是促成三国鼎立局面形成的关键战役。赤壁之战后，曹操退回北方，孙权和刘备逐渐占据南方。南方的经济得以持续发展，北方的经济则因为战乱而遭受重创。曹操在短时间内无法再对南方用兵，而刘备和孙权利用这个机会逐渐扩大了自己的势力范围，与曹操形成三国鼎立之势。

◉ 历史小百科

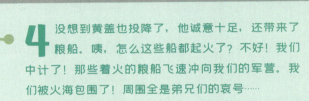

冬天为什么有东南风？

　　赤壁之战中，一股东南风的出现，成就了孙刘联军的"火攻"，给予曹军致命一击。赤壁之战发生在冬天，冬天以东北风和西北风为主，那么，为什么会刮起东南风呢？原来，赤壁战场位于洞庭湖一带，因为地形的原因，很容易产生湖陆风，这是一种夜间风会从陆地吹向湖区，而昼间风却从湖面吹向陆地的气候现象。所以当天气放晴时，就可能会吹东南风。这是来自北方的曹操始料未及的。

三国时期的武器

　　"上大将军吕侯都尉陈文和弩"铭文中，"上大将军吕侯"指的是东吴名将吕岱（dài），而弩的主人陈文和是吕岱手下的一名都尉武官。在赤壁之战中，箭和弩是极为重要的兵器，这件青铜弩机就参与过赤壁之战。青铜弩机一般会搭配铁箭镞使用。因为铁容易腐蚀生锈，所以目前已发现的箭镞多呈褐色，表面锈迹斑驳。

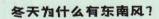

第六节

曹魏的世子之争

216 年，曹操进封为魏王，获赐九锡，之后册立世子一事便被提上日程。世子的人选就在曹丕和曹植之间抉择。曹植虽然深受曹操喜爱，但性格放荡不羁，不仅曾在酒后闯入司马门，更在曹操派他支援紧急战事时，喝醉到无法出征。曹植的种种行径令曹操大为失望。而曹丕则事必躬亲、成熟稳重，渐渐赢得了曹操的欣赏。此外，曹植和曹丕身边亲信的表现也大为不同：围在曹植身边的是像丞相主簿杨修这样喜爱饮酒作乐的文人，杨修经常耍小聪明将曹操的考题泄露给曹植。而曹丕身边都是跟随曹操打拼天下的功臣名将，如尚书崔琰（yǎn）、太中大夫贾诩（xǔ）等，他们经常传授曹丕大道至简的道理。再加上"嫡长子"身份的加持，最终，曹丕赢了，被确立为世子。

博物馆小剧场 **曹植和曹丕的较量**

1 曹植又喝醉了，酒劲上来后，居然不顾我的百般阻拦，乘着王室的车马从司马门扬长而去。要知道，这条大道只有帝王举行典礼的时候才能通行。他居然把这么重要的规矩都给忘了。

2 丞相大怒，处死了掌管王室车马的公车令。这事过去没多久，曹植又出了乱子。远征在外的曹仁需要紧急救援，丞相让曹植带兵前往。结果曹植在出征前夜，竟然又喝醉了！他真的太令丞相失望了！

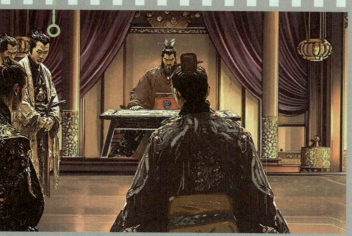

3 和任性妄为的曹植不同，曹丕始终按照丞相的标准严格要求自己。为了影响丞相的决断，曹丕还撰写了《典论》，不仅赞颂丞相的伟绩，还列举了历史上废长立幼导致的各种惨剧。

4 曹丕还十分懂得亲礼大臣。荀攸生病了，曹丕亲自前往探视，并在床下拜谒。曹丕和钟繇、贾诩等人的关系也很密切。当丞相用密信的方式征求大家立嗣的意见时，大家都推荐曹丕。

　　曹魏的世子之争，不仅是一场政治斗争，也是一场社会斗争。在这场没有硝烟的较量中，各种政治势力、社会阶层都参与其中，形成了复杂的利益纠葛。曹植不管在政治风格还是文采上都是完胜曹丕的，然而，曹植的放荡不羁和得意忘形让他一点点错失曹操的信任。而曹丕凭借谦卑稳重的做事风格，扭转了局面，最终成为曹魏的掌权者。

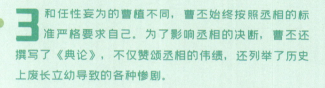

历史小百科

深谙人性的曹丕

　　有一次，曹操亲自率军出征，曹丕和曹植与大臣们一起为他送行。曹植称颂曹操的功德，出口成章，赢得在场文武大臣的称赞。曹操也觉得脸上很有光。

　　而曹丕见状大哭起来，说希望曹操早日归来，场面很是感人。这让曹操觉得曹丕才是真心关爱自己的。曹丕就这样在这场较量中胜出了。

主张薄葬的时代

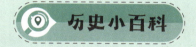

　　220 年，曹操在临终时下了一道遗令，对丧葬提出了要求：以日常穿着的衣服入葬，不能随葬金银财宝。这一方面缘于战乱导致国力不丰裕，另一方面是曹操无数次见过大批帝王陵寝遭盗取，所以吸取了这一教训。到了曹丕掌权时，进一步推崇薄葬，大大节省了开支，保障了曹魏的国力。

第七节

曹丕称帝建魏

文物档案

名　称：魏武常所用格虎大戟石牌

出土地：河南省安阳市西高穴曹操高陵

特　点：石牌呈圭形，顶端有圆孔，便于悬挂，是曹操生前所用武器的铭牌。

收　藏：曹操高陵遗址博物馆

220 年，曹操病逝，曹丕继承魏王位。曹丕即位后，给之前拥立自己的功臣加官晋爵，同时贬曹植为安乡侯。同年 12 月，汉献帝禅让帝位给曹丕。曹丕假意拒绝三次后称帝，国号魏，将都城由许昌迁至洛阳，史称魏文帝。自此，历经 195 年的东汉政权彻底消亡。曹丕称帝后，继续推行屯田政策。为了配合屯田，他鼓励地方郡守开垦田地，并兴办了诸多水利灌溉工程，以保障农业的生产。曹丕颁布《薄税令》，减轻农民的负担，提高他们的生产积极性；下诏全面减轻刑罚尺度，营造宽松的社会氛围；推崇儒学，下诏褒扬孔子，重修孔庙。此外，对于蜀汉与孙吴以外的周边势力，曹丕都以怀柔政策为主，促进了西域地区外贸的繁荣。

博物馆小剧场　曹丕的新政

1 自从曹丕当上皇帝，我们百姓的日子好多了。他继续推行屯田政策，又让各地官员带头开垦荒地，大大增加了土地面积。他还下令兴修了不少水利工程。现在我们家家有地，年年丰收，别提多开心了！

2 之前因为战乱频仍，导致各地人口稀少。缺乏劳动力，生产就得不到保障。皇上颁布的《薄税令》大大减轻了百姓的负担。而全面减轻刑罚，给了百姓休养生息的空间，让百姓能够安心生产。

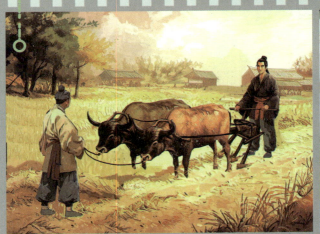

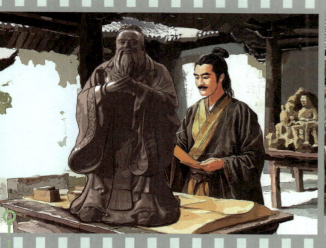

3 前几天我路过孔庙时，看那里在重新修建呢。皇上很重视孔子的文化兴教，不仅封孔子后人孔羡为宗圣侯，还在各地大兴儒学，在考试内容里也加上了五经课。文人们都争相阅读儒学典籍呢。

4 最近在集市上经常能看到来自西域的人和各种稀奇玩意儿。听卖货的人说，皇上刚刚派遣军队在河西一带大破羌胡联军，又派遣使者前往西域，河西一带和西域都在朝廷的掌控之中，贸易自然发展起来了。

　　曹丕在位的七年间，北方的生产得以恢复，农业得到很好的发展，人民安居乐业，商业也开始繁荣起来。曹魏的国库日渐充裕，基本解决了之前战乱时期造成的通货膨胀问题。曹魏的版图也进一步扩大，实力大大增强。此外，曹丕通过"禅让"的形式从汉献帝手中取得帝位，为刘备称帝提供了合法性上的支持，更加坚定了刘备自立为帝的决心。

◉ 历史小百科

以汉文帝为楷模的曹丕

日食过程

　　曾有一次，天上出现了日食现象，古人认为这是"天谴"的征兆。于是，有人上书提出罢免三分之一的太尉作为惩戒。曹丕则以汉文帝为楷模，回复说：灾相的出现是上天在警告天子，不能把过错都归咎于辅佐的人身上，而是应该由天子一人承担。曹丕这种勇于承担责任的态度一直为后世所传颂。

《七步诗》的由来

　　曹丕称帝后，更加忌惮曹植的势力。为了除掉曹植，曹丕以曹植未能给父亲曹操奔丧的罪名将曹植抓了起来，但碍于群臣的反对，便让曹植在七步之内作出一首诗，否则就格杀勿论。曹植很快写下了传颂千年的《七步诗》："煮豆燃豆萁，豆在釜中泣。本是同根生，相煎何太急。"曹丕深受触动，便放过了曹丕。

第八节

刘备称帝建蜀

文物档案

名　称：三国蜀汉直百五铢

出土地：四川、湖北、云南及江苏等地

特　点：多为铜制，是一种大值虚币。正面刻"直百五铢"四字，背面常有阴刻的记号和纹饰。

　　刘备自幼家贫，父亲早逝，与母亲靠贩卖草鞋、织席子为生。东汉末年，天下大乱，刘备开始图谋建功立业，与关羽和张飞一起参与了镇压黄巾起义和军阀混战，并在这个过程中拥有了一定的势力。207年，刘备三顾茅庐得到诸葛亮的辅佐。之后与孙权结盟，大败曹操于赤壁。刘备趁势占领荆州南部，为三分天下奠定了基础。在曹丕篡汉建魏后，刘备于221年在成都登基称帝，国号汉，史称蜀汉。建国后，在政治上，刘备命诸葛亮等人制定《蜀科》，以安定社会秩序；在经济上，推行盐、铁官营，同时向孙吴和曹魏输出蜀锦，以提升本国经济实力；在农业上，刘备主张以农为本，鼓励农桑，推动了四川地区的经济发展。

博物馆小剧场　　百废待兴的蜀汉

1 要想管理好国家，没有法律可不行。现在蜀地的法律制度形同虚设，必须得赶快出台完善的法律制度。我命诸葛亮、法正等人制定了律法《蜀科》，使混乱的社会秩序得到有效的改善。

2 如今百姓如果想买盐，都得从官府购买，因为我刚刚颁布了"盐铁专卖令"，把盐、铁的买卖权收归国有。这么做，不仅能满足国家发展的需要，还能增加政府的财政收入。

3 国家的发展离不开农业，所以我坚定地实行以农为本的策略，大力扶持和发展州郡的农业经济，鼓励百姓发展农桑。如果谁敢破坏农业生产，一定严惩不贷！

4 有人来报，说蜀锦供不应求，需要扩大作坊规模，增加人手。要知道，锦、绮都是对技术要求极高的丝织品，也只有我们蜀国的手工业才能达到如此水准，以至于东吴和曹魏都得来找我们购买。

　　刘备建立蜀汉政权后，进行了一系列大刀阔斧的改革。受战乱等因素影响的蜀地经济，凭借着发达的经济基础与优越的自然条件，加上刘备及诸葛亮等的悉心管理和经营，在农业、商业等诸多方面都得到了发展。与此同时，刘备想要复兴汉室、实现统一的意图愈发明显，不久后就发动了对东吴的战争，试图通过军事手段来扩大自己的势力范围。

历史小百科

重仁义的刘备

　　在夷陵之战中，蜀国将领黄权在被东吴截断了后路后，率领手下一万蜀军投降了曹魏，受到曹丕的重用。按照《蜀科》的规定，作战的将领一旦投降，其家属就会受到牵连，被制裁。然而，刘备却宽恕了黄权的家人，他认为仁义更重要。

直百大钱的诞生

　　刘备刚平定益州时，因为财政困难、军费紧张，只好采用发行大值虚币的办法来勉强维持财政支出。刘备下令铸造的直百五铢钱，1 枚可以兑换普通的五铢钱100 枚。这种直百大钱的流通，初期确实让蜀汉的国库得以充盈，同时促进了当地贸易的交流，但后期弊端显露，带来了通货膨胀等问题。

第九节

吴蜀相争的夷陵之战

文物档案

名　称：三国童子对棍图漆盘

出土地：安徽省马鞍山市朱然墓

特　点：盘面绘有两个持棍对武的儿童，底部有"蜀郡作牢"四字。朱然为东吴大将。

收　藏：三国朱然家族墓地博物馆

　　孙刘结成联盟后，孙权将荆州借给刘备以发展势力。然而，刘备占据益州后却拒绝归还荆州，孙刘联盟由此出现裂痕。211年，刘备派遣关羽守卫荆州，进行军事防御。219年，孙权设计夺取荆州，俘虏并杀死关羽。221年，刘备称帝后不久，为了夺回荆州同时为关羽报仇，执意发动对吴国的战争，并亲自率军攻伐东吴。222年，东吴陆逊联合大将朱然大败刘备大军，取得了夷陵之战的胜利。而蜀汉的张南等一干大将都殒命于夷陵之战，损失惨重。刘备败退白帝城。孙权得知刘备在白帝城没有回成都后，主动与刘备讲和。223年，刘备久病卧床，临终时召诸葛亮至永安交代后事，并同意孙权的请和，蜀吴再度联盟。而后，刘备病逝于白帝城。

博物馆小剧场　　**精彩的夷陵之战**

1 皇上不听劝，执意要对吴国用兵，为关将军报仇，夺回荆州。起初，我们的大军势如破竹，一路杀入吴国境内。可到了夷道，便遭到了吴军的顽强抵抗，两军陷入隔江对峙的局面。

2 转眼半年过去了，皇上屡次派人到吴军阵前谩骂挑战，可是这个陆逊太能沉得住气了，居然都能忍住不搭理。这里地势险要不说，我军后方运输线漫长，侧后方又有魏国的威胁，局势对我们愈发不利了。

3 皇上又派了大将张南围攻驻守夷道的孙桓，孙桓可是孙权最疼爱的侄子，我们就不信陆逊不派兵出战。万万没想到，这个陆逊还是坚守不战，他好像知道我们速战速决的心思。弟兄们感觉越来越疲惫了。

4 不好！我们被吴军偷袭了！他们到处放火，我军的营寨都设在树木茂盛的地方，又首尾相连，顿时陷入火海之中。大家被烧得东窜西逃，将士死伤无数。我拼死护卫着皇上，带着少量人马总算逃了出来。

夷陵之战是东汉末年军阀割据和三国鼎立形成时期具有关键意义的一战，也是三大战役中的最后一战。夷陵之战后，三国格局发生了变化。蜀汉政权的力量受到严重削弱，而东吴政权则趁机扩张了势力范围。曹魏政权则利用蜀汉和东吴之间的矛盾，继续巩固自己的地位。三国之间的力量对比发生了变化，为后续的历史发展奠定了基础。

🔍 历史小百科

左右为难的诸葛亮

诸葛亮在刘备执意伐吴的时候，曾陷入左右为难的境地。原来，诸葛亮的兄长诸葛瑾曾来信劝刘备与孙权讲和，说孙刘应该联合起来共同抗曹，被刘备拒绝了。此时，诸葛亮如果站出来反对刘备攻吴，就会有通敌之嫌。其次，大臣秦宓（mì）以天象不利为由劝阻刘备，却被刘备投入大狱。诸葛亮即便不支持伐吴，也只能不再发表意见了。

刘备为什么要借荆州？

荆州地区所辖 7 郡，原是刘表的根据地。赤壁之战后，刘备占有荆州 4 郡。史书上所说的"刘备借荆州"，其实指的是荆州的一部分，即江陵的南郡。刘备之所以借这里，是因为控制南郡便可以控制汉水和长江，这对于增强刘备的政治和军事影响力至关重要，并方便刘备入川。同意刘备借走南郡，对孙吴政权来说，可以说是赤壁之战后最大的失策。

第十节

孙权称帝建吴

文物档案

名　称：三国半圆方枘神兽镜
出土地：湖北省鄂州市
特　点：镜背纹饰由六神、二兽排列组成，铭辞有歌颂孙权称帝之意。
收　藏：鄂州市博物馆

　　200 年，孙策不幸遇刺身亡，其弟孙权临危受命，执掌江东政权。孙权在周瑜等人的辅佐下，让原本陷入混乱的江东政局逐渐稳定。208 年，孙权力排众议，与刘备联手，于赤壁大败曹军。221 年，孙权派陆逊抵御刘备大军的进攻，并在夷陵之战中大败刘备。次年，孙权被魏文帝曹丕封为吴王，建立吴国。

　　229 年，魏文帝曹丕去世，孙权在武昌正式称帝，国号吴。孙权称帝后，一面设法引入其他地方的人口，一面将荒地分给无地农民，鼓励开垦。此外，孙权还下令减少征役，降低赋税，为商业、手工业以及文化的发展都创造了必要条件。

　　下面让我们一起走进博物馆小剧场，感受下吴国的风土人情吧！

博物馆小剧场　东吴的建设与繁荣

1 听说，为了给我们树立榜样，皇上和大臣们都亲自下地耕田了。这真令人振奋。我是一个普通的农民，只负责种田，不用再服徭役了。而我的邻居是屯田兵，战时从兵，平时务农。

2 我的远方表弟前阵子被征召去修建塔寺。听说一个叫康僧会的人来我们国家宣传佛教，皇上很推崇，便下令修建塔寺。之前我们只能弄个佛像自己在家拜拜，以后可以去正规的大佛寺敬佛礼佛啦！

3 我们这里的街市有大市、小市和北市，规模各异，商品应有尽有，人也很多。我今天买了米、面和盐。还看到一个卖湖水珍珠的摊位，珍珠又大又漂亮，我忍不住买了一颗，打算给妻子做首饰。

4 夏天最受欢迎的就是葛布了，柔软又透气，王公大臣和百姓都很喜欢。我妻子的织葛布的手艺是我们这里最好的，就连蜀汉和曹魏的人都知道她的名号。每天来我家买布的人多得数不过来。

东吴政权的建立，标志着三国鼎立局面的形成。孙权在位50余年，不仅平定了内乱，稳定了人心，还通过积极的军事行动结束了汉末以来的分裂局面。他对内通过种种措施，促进了当地社会经济的恢复与发展，为后期经济重心的南移奠定了基础。然而，孙权晚年在储君选择上的不当做法，为"二宫之争"埋下了隐患，改变了东吴的历史走向和发展轨迹。

 历史小百科

孙权塑像

孙权智夺荆州

219年，驻守荆州的关羽率军支援刘备攻打樊城。关羽原计划只带少量人马前往，留下大量精兵继续镇守荆州。这个消息传到了孙权那里，他觉得这是收回荆州的良机，于是让驻扎在荆州对面陆口的吕蒙称病，返回建业，改由文臣陆逊接替。这招成功麻痹了关羽，他把荆州的精兵都调到了樊城前线。孙权又与曹操密谋拖住关羽，结果荆州因守军不足，被折返的吕蒙趁虚攻破了。

被迫充当兵源的山越

山越是三国时期活跃在孙吴诸郡县山区的一股类似山贼的割据势力，一直不肯服从孙吴的统治。于是，孙权在讨伐山越的时候，虏获大量的山越人口用以补充孙吴的军队，剩下的山越人就被迫充当部曲（豪门大族的私人武装力量）、奴婢等。孙吴朝廷与山越的斗争持续了38年之久，才基本平息。

第十一节

争夺储位的二宫之争

文物档案

名　称： 三国鸟首金钗

出土地： 江苏省苏州市虎丘路东吴家族墓

特　点： 采用了锤揲、铸造、掐丝、焊接、镶嵌等工艺，上有一对交颈鸟。

收　藏： 苏州博物馆

　　229年，孙权在武昌称帝，立长子孙登为太子。241年，孙登病死，孙权改立三子孙和为太子。不久，孙权因十分喜爱四子孙霸，便封孙霸为鲁王，并且给予孙霸与孙和同等的待遇。孙霸和孙和二人自此展开了激烈的权力争夺战，最终引发了"二宫之争"，导致东吴的政治局势动荡不安。

　　为了结束这场储位之争，250年，孙权废除孙和的太子之位，并将其流放。后来，孙霸因为多次诬陷太子、结党朝臣，被孙权下令处死。孙权又重新立幼子孙亮为太子，并排斥江东大族作为辅政者，意图彻底消除其对孙氏宗族的潜在威胁。252年，孙权病逝，谥号"大皇帝"，葬于蒋陵。

　　下面就让我们走进博物馆小剧场，感受这场储位之争吧。

博物馆小剧场　混乱的储位之争

1 册立太子向来是国家大事，非常重要。所以皇上登基不久，就按照"嫡长为尊"的继承原则，立了长子孙登为太子。我们这些臣子也对太子寄予厚望，却不想太子年仅23岁就英年早逝了。

2 没办法，皇上又立了三皇子孙和为太子。这本来没什么，谁知没多久皇上因为喜爱善良孝顺的四子孙霸，竟然把他封为鲁王，和太子享受同样的待遇。太子当然不能容忍这样的事情，与孙霸争得不可开交。

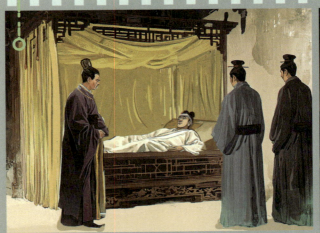

3 皇上不知听了谁的谗言，幽禁了太子孙和，又诛杀了支持孙和的大臣，就连陆逊也受此牵连，郁郁而终。起初，孙霸倒是没什么事，不过后来皇上以诬陷、结党的罪名赐死了他。真是两败俱伤啊！

4 两派势力平息后，皇上又立年仅 7 岁的孙亮为太子。可是太子过于幼小，无法亲政，让吴国陷入了"主少国疑"的困境，朝野上下先后有权臣专权乱政的情形。我们吴国注定要衰败了。

　　"二宫之争"让原本富裕稳定的吴国陷入了严重的内耗，被赐死、流放的名臣、能将无数，使吴国的栋梁一朝尽失。孙权的一些举措虽然间接制约了江东大族对孙氏宗族的威胁，却让东吴的政治陷入黑暗及混乱之中，加速了东吴政权的灭亡。与此同时，东吴内部的这场权力斗争为曹魏和蜀汉提供了调整和扩大势力的机会，间接影响了三国时期的政治格局和力量平衡。

历史小百科

孙权对江东士大夫的态度变化

　　孙策引兵征战江东时，一直都是以南迁士人为核心，同时排挤江东士大夫。赤壁之战后，孙权想与曹操、刘备三分天下，为稳定统治，不得不依靠本土上盘根错节的江东士大夫势力，所以开始重用江东士大夫。等到夷陵之战后，江东士族的势力逐渐超出孙权的控制，于是，孙权又开始对其进行无比残酷的打压。

规劝下棋的孙和

　　东吴太子孙和认为才学之士应钻研学问，熟习武功。有一次，群臣出席孙和组织的宴会，闲聊中提到下棋。孙和说，下棋是耗时耗神、无益功业的行为。他还命令陪坐者中的 8 个人，各自写出评判下棋行为的文章，来警醒众人。中庶子韦曜写的文章，让孙和很满意。孙和不仅让大家传阅这篇文章，还常用这种写文章的形式，规劝爱下棋的手下。

第十二节

鞠躬尽瘁的诸葛亮

文物档案

名　称：三国木牛流马三轮车

出土地：四川省仪陇县三河镇马家山

特　点：是一辆双辕马车和一辆独轮车的结合。传说是诸葛亮发明的。

收　藏：成都武侯祠博物馆

207年，刘备三顾茅庐，成功请诸葛亮出山。在诸葛亮等人的辅佐下，刘备与孙权、曹操形成三国鼎立之势。221年，刘备称帝，任命诸葛亮为丞相。夷陵之战后，刘备在白帝城托孤于诸葛亮。223年，刘备之子刘禅在成都继承帝位，封诸葛亮为"武乡侯"。诸葛亮辅佐刘禅期间，外交上，继续和东吴结盟；农业上，实行屯田政策，积极兴修水利工程，大力发展农业生产，并且发明了弩机、木牛流马等；手工业上，提倡百姓织锦致富，并积极开拓与东吴的蜀锦贸易。

为了完成刘备"兴复汉室，还于旧都"的遗愿，228年至234年，诸葛亮先后五次率军北伐中原，但均以失败告终。在第五次北伐的途中，积劳成疾的诸葛亮在五丈原病逝。

◉ 博物馆小剧场　千秋名臣诸葛亮

1 今年又是个丰收年，一亩地产了30多斛粮食，这可是史无前例的佳绩呀。我们蜀地百姓真的太幸福了。这要感谢我们丞相对农业的重视，他先后征调1200多人修筑水利工程呢。

2 丞相真是太睿智了。他不仅鼓励发展手工业，让我们的蜀锦工艺越来越精湛。还利用一切机会推广我们的蜀锦，比如用蜀锦作为与吴国交聘的礼物。这样一来，我们的蜀锦在吴国大受欢迎。

3 丞相平时政务已经十分繁忙了，还不忘从事各种发明创造。比如他发明的"木牛流马"，解决了我们军队在崎岖山路中运粮的难题。而他改进的弩机性能更强。我们蜀军的战斗力大大提升了。

4 自从先皇去世，丞相不仅受命尽心竭力地辅佐皇上，还一心想要"匡扶汉室，统一中原"。可惜，丞相五次率兵北伐中原，都失败了。而他自己因为积劳成疾，永远离开了我们。

诸葛亮用一生诠释了"鞠躬尽瘁，死而后已"的含义。蜀汉在他的治理下，人口有所增长，经济取得了一定的发展。诸葛亮去世后，蜀汉政权失去了重要的支柱，政治和军事方面都出现了不稳定的发展态势。与此同时，曹魏政权处于相对稳定的发展中，两国的综合实力差距进一步拉大。

⊙ 历史小百科

诸葛亮　诸葛瑾　诸葛诞

"馒头"由来的传说

相传在诸葛亮南征孟获的时候，为了取得战役的胜利，有人建议诸葛亮用人的头颅来祭祀神明。然而诸葛亮不愿意滥杀无辜，就用揉好的面团包裹住猪肉和羊肉，做成类似人头的形状，代为祭祀，并取名为"蛮头"。随着时间的推移，蛮头演化成了"馒头"（南方人的说法），也就是现在的肉包子。

诸葛亮三兄弟

诸葛亮家族有兄弟三人，分别侍奉不同的君主。他的大哥诸葛瑾遇到鲁肃后，被推荐给了孙权，成为东吴的重要谋士。诸葛亮是老二，在刘备三顾茅庐后出山，为蜀汉做出了巨大贡献。诸葛亮的族弟诸葛诞则是曹魏的官员。这一现象既反映了当时政权的错综复杂，也体现了诸葛家族的聪慧谋略。

第十三节

高平陵事件

文物档案

名　称：三国琥珀小儿骑羊串饰

出土地：洛阳市西朱村曹魏墓一号墓

特　点：以琥珀雕刻而成，通体为棕红色。有椭圆形穿孔，应为串饰。

收　藏：洛阳博物馆

239 年，魏明帝曹叡（ruì）驾崩，其年仅 8 岁的养子曹芳继位，史称魏少帝，由托孤大将军曹爽和太尉司马懿（yì）辅政。曹爽因忌惮司马懿的才能，在朝中极力排挤司马懿，并将其"明升暗调"为毫无实权的太傅。247 年，被驱逐出权力中心的司马懿以生病为由辞官，以回避曹爽。次年，曹爽的亲信李胜赴荆州上任刺史前，受曹爽委派去刺探司马懿的虚实。李胜以辞行为借口登门拜访司马懿，司马懿将计就计，在李胜面前装出重病的样子，让曹爽对他放松警惕。与此同时，司马懿暗中积极部署，准备发动政变。249 年，司马懿趁曹爽陪同魏少帝到高平陵祭拜魏明帝之机，起兵发动政变，并迅速控制了京都。曹爽不战而降。自此，曹魏军政大权落入司马氏手中，史称高平陵事件。

博物馆小剧场　　阴谋密布的高平陵政变

1 曹芳登基后，我和曹爽受先皇之命共同辅政。然而，曹爽忌惮我的才能，处处排挤我。这还不够，他又想出"明升暗降"的招数，让我做太傅，实际上是把我手里的兵权都收了回去。

2 曹爽将自己的弟弟们都封了官，目的就是要占据所有要职。思来想去，我决定称病回家，先假装隐退，再暗中布局。曹爽对此有所怀疑，派李胜来刺探实情。我索性装出重病的样子，让彻底他们安心。

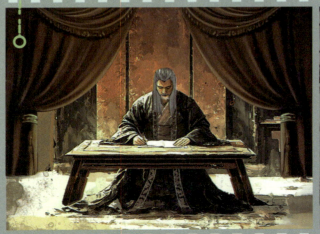
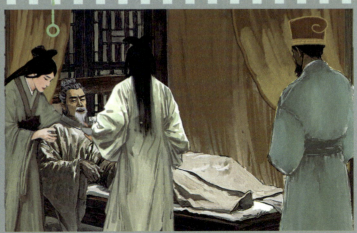

3 曹爽总算放心了，跟着曹芳去高平陵祭拜。我趁机关闭洛阳城门，占据武库，又派兵占领了曹爽的营寨，并借太后之名，下令免除曹爽兄弟的职务。我许诺曹爽，只要投降，就还拥有现在的一切。

4 曹爽为了自己的荣华富贵投降了。不过曹爽怎么也想不到，他前脚刚回到洛阳城，后脚就被我软禁了起来。什么荣华富贵，还是在牢里"享受"吧！这天下，从此就是我司马家族的了！

　　高平陵事件是三国时期的重要标志性事件，自此司马氏控制了魏国大权。之后，司马家族通过兴修水利、发展农业、加强军事训练等措施，提高了国家的经济实力和军事实力。与此同时，司马家族调整了对蜀汉的军事战略，开始频繁地对蜀汉发动攻击，通过一系列的军事行动来削弱蜀汉的国力，为最终的灭蜀之战做好了铺垫。

⊙ 历史小百科

舐犊情深的魏明帝

　　魏明帝曹叡有个小女儿，名叫曹淑。曹叡十分喜爱这个小女儿，可惜曹淑出生仅 3 个月便夭折了。曹叡心痛不已，不仅在洛阳为曹淑立庙，还以成人之礼将其下葬，要求举朝上下都着素衣送葬。曹叡本人也前往送葬，这一举动在他父亲曹丕和祖母卞太后去世时都没有过，由此可见他对女儿的感情多么深厚。

驽马恋栈豆的曹爽

　　桓范是曹爽身边的智囊人物。在司马家族占领洛阳后，桓范曾想方设法来到曹爽住处，告知他京中政变的消息，建议可以以天子的名义召集四方军队打回洛阳。没想到，曹爽贪恋司马懿许诺的荣华富贵，辗转一夜后决定投降，气得桓范破口大骂。后来人们就用成语"驽马恋栈豆"来形容曹爽这种目光短浅之人。

第十四节

魏国灭蜀汉

　　263 年，魏国掌权人司马昭向蜀汉发动战争，派钟会、邓艾、诸葛绪分三路发起进攻。西路的邓艾军主攻姜维大军，中路的诸葛绪军负责切断姜维大军后路，东路的钟会军主攻汉中诸城。蜀汉派姜维率军以剑阁险道为屏障，来阻击魏军主力。就在魏、蜀汉两军在剑阁僵持不下时，邓艾提出了一个大胆的计划，那就是绕过剑阁，改为突袭蜀军疏于防备的阴平古道。得到司马昭的同意后，邓艾便率领精锐部队穿过 700 余里荒无人烟的地区，夺取了江油。之后魏军势如破竹，在绵竹大破诸葛瞻，直逼成都。蜀汉后主刘禅毫无防备，见邓艾军已兵临城下，只得向魏军投降。同年十一月，蜀汉灭亡，自此拉开了三国统一的序幕。

博物馆小剧场　　魏灭蜀汉之役

1 是时候进攻蜀汉了！不过我们先放了个烟雾弹，假装要攻打吴国。昏君刘禅居然深信不疑，而且毫不设防。我们兵分三路进攻，其中有两路都是对付蜀汉大将姜维的，搞定姜维，其他人都不是威胁！

2 我们在剑阁与蜀军对峙了好久，眼看就要断粮了。这时邓将军想出了一条妙计：从蜀军防备不足的阴平古道进攻。这条路艰险异常，但邓将军身先士卒，带领大家实现奇袭，大败蜀军。

3 我们在绵竹遭遇了诸葛亮的儿子诸葛瞻。如果他听从尚书郎黄崇的计策，用持久战对付我们，局势将对我们很不利。可惜诸葛瞻刚愎自用，让我们得以长驱直入，占领了绵竹！

4 刘禅这个扶不起的阿斗！我们都兵临城下了，他居然都没有防备。他用牛车载着棺材，将自己五花大绑，带着降书和印玺乖乖投降了。蜀汉就这样灭亡了，不知道刘备在天之灵会作何感想？

三国后期，魏、吴、蜀汉三国鼎立的局面已被打破。经过数次北伐和黄皓乱政的蜀汉此时处于风雨飘摇之中，再加上后主刘禅的昏庸无能，最终不敌魏国的军事实力，被一举歼灭。魏国灭蜀汉，为西晋统一全国创造了条件。此外，西晋朝廷之所以强调曹魏是三国时期的正统王朝，是因为西晋是接受曹魏禅让而建立的，其合法性源于曹魏的合法性。

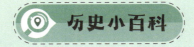

历史小百科

钟会之乱

　　邓艾灭蜀汉后，开始居功自傲，种种行径引发司马昭的猜忌。大将钟会对邓艾颇为嫉妒，与卫瓘（guàn）等人一同诬陷邓艾有谋反之心，导致邓艾父子被捕。邓艾被处置后，钟会在蜀将姜维的怂恿下，一起图谋反叛，最终被杀。此时，邓艾的部下想趁乱把邓艾迎接回来，不想邓艾被卫瓘设计杀死。这就是钟会之乱。

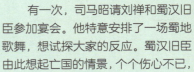

乐不思蜀的刘禅

　　有一次，司马昭请刘禅和蜀汉旧臣参加宴会。他特意安排了一场蜀地歌舞，想试探大家的反应。蜀汉旧臣由此想起亡国的情景，个个伤心不已，而刘禅却沉醉其中，毫不在意。司马昭问刘禅是否还想念蜀地，没想到刘禅说："这儿多快活啊，我才不想念蜀地呢！"后来，人们常用"乐不思蜀"来形容只顾享乐而忘本的人。

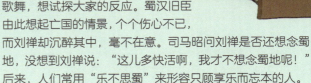

第二章
纷繁芜杂的两晋时代

第一节

司马炎代魏建晋

　　司马懿去世后，其长子司马师被封为大将军，辅佐朝政。254年，司马师将曹芳废为齐王，拥戴曹髦（máo）即位称帝。次年，司马师病逝，其弟司马昭接过权柄，独揽朝政。260年，曹髦率数百人讨伐司马昭，在南阙被太子舍人成济弑杀。司马昭又立曹奂为帝。

　　司马炎是司马昭的长子，但司马昭更倾向于让次子司马攸继承王位。而谋士裴秀和羊琇（xiù）都更看好司马炎，不断帮其出谋划策。当司马昭正式提出立储问题时，山涛、裴秀都反对立司马攸，主张立司马炎。最终，司马炎被立为世子。265年，司马昭病逝，司马炎逼迫曹奂禅让，自立为帝，即晋武帝，国号晋，建都洛阳，史称"西晋"。

博物馆小剧场　频繁的政权更迭

1 身为臣子，真的不愿意看到政权频繁地更迭。先说第一任傀儡皇帝曹芳吧。司马懿去世后，他的儿子司马师开始辅政。然而没过多久，司马师就把曹芳废除了，堂堂皇帝转眼变成了齐王。

2 曹芳被废后，司马集团拥戴高贵乡公曹髦即位称帝，这是我们的第二任傀儡皇帝。没想到第二年，司马师病死了，其弟司马昭开始独揽大权，没过几年就指使人把曹髦杀了。

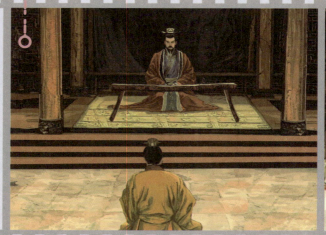

3 曹髦刚死，司马昭又立曹奂为帝。短短几年，我们经历了三位皇帝。说来奇怪，司马昭掌握朝政大权后，自己却没做皇帝。难道他想效仿曹操让自己的儿子称帝？

4 司马昭原本想立最喜爱的儿子司马攸为世子，但敌不过立嫡以长的传统制约，再加上山涛、裴秀都极力支持司马炎，最终司马炎被立为世子。一个小小的世子之位，司马炎会满足吗？

　　作为魏国的辅佐大臣，司马懿父子利用手中的职权，先后废立三位皇帝，一步步削弱曹魏宗族势力，彻底架空了曹魏的皇室权力，以此壮大司马家族的势力。司马集团掌控了曹魏的军政大权后，建立了西晋。司马家族的篡位夺权之举，对中国传统道德观念产生了一定的负面影响。此后，很多人争夺权力时，都不再顾忌道德和伦理的约束，这也直接导致了南北朝时期政权频繁更迭、权谋杀戮不断。

历史小百科

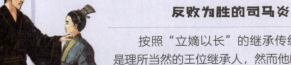

反败为胜的司马炎

　　按照"立嫡以长"的继承传统，司马炎是理所当然的王位继承人，然而他的父亲司马昭却打算立他的弟弟司马攸为世子。每次见到司马攸，司马昭便高兴地指着御座对他说："桃符（司马攸的小名）长大了就坐在这儿。"大臣们见状纷纷劝谏，再加上司马炎自身的努力和谋划，最后司马昭只得立司马炎为世子。

司马炎的手段

　　司马炎在接任相国之位后，便暗地里派自己的心腹催促魏元帝曹奂早点儿让位。招架不住的曹奂只好下了诏书，表示要把皇位让给司马炎。然而，司马炎在这个时候却假意推辞。在满朝文武官员的劝谏之下，司马炎才"勉强"接受魏元帝曹奂禅让，即位称帝，建立了西晋。

第二节

司马炎的对内统治

晋武帝司马炎登基后，为了尽快使国家和百姓从动荡不安的社会环境中解脱出来，确立了"无为而治"的治国方针。晋武帝先后颁布了五道诏令：一、正肃己身，以身作则；二、勤勉于百姓；三、安抚孤儿鳏（guān）寡；四、鼓励农业，抑制商业；五、精简机构，裁撤冗官。

晋武帝承袭曹魏的政治制度，并在此基础上进行了革新：初步确立三省制，颁布士族门阀制度等，加强中央集权和司马氏宗族的势力；大封宗室成员，罢免州郡兵，以对抗士族中的野心家。晋武帝还颁布了中国封建社会第一部儒家化的法典——《泰始律》，以保障社会的稳定。

下面让我们走进博物馆小剧场，感受下西晋初期的风貌吧！

博物馆小剧场　　无为而治的西晋初期

1 我自登基以来，以仁义治国，采取怀柔的政策。就说之前的皇帝曹奂吧，虽说现在是陈留王了，我却准许他继续用皇帝的仪仗出入，这样既可以安抚民心，又利于朝政稳定。

2 百姓是国家的根基，所以我看到百姓饱受战争之苦，早已不堪重负，便免除了他们20年徭役，让他们可以安心发展农业生产。这样百姓才能有好日子过，国家的经济才能发展起来。

3 都说法律是社会稳定的基础，我命贾充他们制定的《泰始律》，和前代的律令比起来宽松了不少，不仅减少了"族诛""连坐"这样残酷的刑罚，对女子的惩处也从轻从宽了。

4 想当年曹魏何等风光，却也没逃过"成由勤俭败由奢"的灭亡命运，所以，我要扭转曹魏遗留的奢侈之风。我不仅让文武百官都做自我检讨，还下达了严禁奢侈浪费的诏令。

　　刚登基的司马炎严于律己的同时，对君臣百姓采取了相对宽松、开放的政策，安定了人心，恢复了国力。司马炎推行的一系列制度增强了西晋统治集团的凝聚力，巩固了政权，为后期吞并东吴、统一中国奠定了良好的经济、政治和军事基础。西晋在灭吴之前，还进行了一系列战略调整和准备，如平定凉州地区的叛乱、处理内部腐败问题和阶级矛盾等。

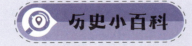
历史小百科

焚裘示俭

　　西晋立国之初，司马炎下达了禁止奢侈浪费的诏令，他自己也以身作则。一次，太医司马程据献给司马炎一件色彩缤纷的"雉头裘"。司马炎非但没有穿，还当着文武百官的面，将这件雍容华丽的衣服烧毁了，并当场宣告，今后谁敢违背诏令，一定重罚不饶。自此，西晋的奢靡之风得到了遏制。

充满智慧的农耕方法

　　西晋时，农业耕种主要有牛耕、锄耕区种和火耕水耨（nòu）三种方式。牛耕最普遍。所谓锄耕区种，就是将劳动力和肥料集中在一小块土地上，以保证较高的单产。而火耕水耨就是先用火烧掉耕地上的杂草，然后将灰烬埋在土里当作肥料，或者将杂草拔掉埋进土里，再灌水沤腐，从而将其变为肥料。

第三节

西晋灭吴，统一全国

从 269 年起，晋武帝司马炎就开始谋划剿灭东吴。为实现这一目标，司马炎采取了一系列举措：稳定内政，积极储备军粮；厚待刘禅及诸葛亮等人的后代，以巩固在巴蜀地区的统治；命大将羊祜（hù）驻守吴国边境，以"仁德"之举笼络吴国民心；在长江上游地区打造战船，编练水军，以弥补"武骑千群，无所用之"的不足。与此同时，东吴国君孙皓却愈发昏庸残暴，导致国力衰微；又自恃水军强大，仗着长江天险而放松了戒备。

279 年，晋武帝发兵 20 万，水陆并进，分六路进攻吴国，仅用了四个多月，便一举消灭了东吴政权。自此，西晋终于统一了全国，结束了长达百年的分裂局面。

 博物馆小剧场　西晋备战伐吴

1 皇上真的很懂人心。刘禅作为蜀汉的末代君主，在蜀汉灭亡后被迁至洛阳。皇上不仅封刘禅为安乐公，还允许他享受一定的俸禄和待遇，这大大安抚了蜀汉百姓的亡国之痛。

2 听说皇上在进行伐吴的准备工作了。皇上不仅下令在东吴边境屯兵，还积极鼓励全民发展农业生产。他的意图很明显，就是做好军粮储备，战士们吃饱饭，才能打胜仗。

3 刚才和过来巡查的士兵聊天，说东吴擅长水战，要想打败他们，我们必须加强水军的力量。为此，皇上特意打造了战船，还训练了一批擅长水战的士兵，这样就可以水陆并进攻打吴国了！

4 如果攻吴成功，一定少不了大将军羊祜的功劳。听说他坐镇荆州后，不仅减轻赋税，缓解民众的负担，还动不动给吴国的士兵送肉送酒，对待投降的吴军更是热情欢迎。吴国边境的军民估计没人愿意打仗了吧！

　　在灭吴之战中，西晋准备充分，作战部署得当，并发挥了水陆并进、多路齐发的优势。与此同时，东吴却在腐败的泥沼中越陷越深，因此灭亡是必然的。晋灭吴之战是三国时期的最后一场战争，开创了北方平定南方、统一天下的先例。这场战争结束了中国自东汉末年以来长达 90 年的战乱，改变了三国鼎立、群雄割据的分裂局面，使中国重归统一。

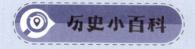

历史小百科

周处雕塑

仁德的大将军羊祜

　　羊祜坐镇荆州后，听说孙皓奢靡挥霍，令国库空虚，导致没钱给吴军将士发饷，甚至让吴军将士饿肚子。羊祜就让人给吴军将士送酒送肉，还热情欢迎投降的吴军。有一次，晋军逮捕了吴将邓香，羊祜不但没有杀他，还亲自为他松绑，然后把他送了回去。在羊祜的"仁德"感化下，东吴的百姓和将领纷纷倾心归附晋国。

周处除"三害"

　　青釉神兽尊出土于西晋名将周处的家族墓地。这处墓地代表了西晋时期世家大族聚族而葬的风尚。传说周处年轻时是个纨绔子弟，顽劣不堪，当地百姓把他和南山猛虎、西氿蛟龙合称为"三害"。后来，周处射虎斩蛟，洗心革面、重新做人，成长为勇猛无比的大将军。至此，当地"三害"尽除。

第四节

西晋初期的太康之治

文物档案

名 称： 西晋陆机《平复帖》

特 点： 存世最早的名人书法真迹，被誉为书法史的"祖帖"。是陆机写给朋友的信，提到"恐难平复"等内容，故而得名《平复帖》。

收 藏： 北京故宫博物院

晋武帝司马炎为了促进经济发展，实施了一系列举措：在农业方面，颁布占田制，废除曹魏时期实行的屯田制；采取措施吸引吴地及蜀地旧民，充实北方的劳动力。在手工业方面，不仅设立官办作坊，还支持民间作坊的发展。这一时期，造船技术已达到建造楼船及各种战舰的水平，瓷器烧制技术也日趋成熟。经过晋武帝的一系列改革，西晋社会呈现一片欣欣向荣的景象，人口飞速增长，到282年全国人口已达到377万户。此外，晋武帝和大臣张华积极推动文学发展，出现了以"一左（左思）、二陆（陆机、陆云）、两潘（潘岳、潘尼）、三张（张华、张载、张协）"为代表的"太康文学"。这一繁荣时期被称作"太康之治"。

博物馆小剧场　创造盛世局面

1 为了促进农业发展，圣上废除了先前的屯田制，实行占田制。像我们这些平民百姓，是按年龄和性别作为占地依据的，按照规定：男子一人占田 70 亩，女子 30 亩。

2 最近村里有很多从川蜀地区迁移来的人家，听说朝廷为了招揽他们来北方耕种，为他们免费提供两年的口粮，还免除 20 年徭役。天啊，这么优渥的条件，怪不得大家都抢着来。

3 前几天去赶集的时候路过造船厂，被庞大的造船规模震撼了。造船厂里不仅有高达数层，能载几百人的楼船，还有装备着各种武器的战舰。圣上这要投入多少人力和物力呀。

4 我去洛阳的亲戚家走动，了解到很多人都在传抄左思的《三都赋》，他们认为左思的文章辞藻华丽，甚是优美。据说洛阳的纸都因此而涨价了呢！

西晋前期，司马炎励精图治，通过一系列经济、政治和军事改革，开创了"太康之治"的局面。这一时期，农业、手工业和商业都得到迅速发展，科技也日益发达起来，比如发明了可以聚光的凸镜。西晋的综合国力达到鼎盛，人民安居乐业，整个社会呈现出四海升平的景象。尽管"太康之治"如昙花一现，但在一定程度上安定了原曹魏、蜀汉、东吴之地的民心，促进了社会的和谐统一。

历史小百科

洛阳纸贵的由来

　　左思在写《三都赋》时，在庭院、走廊甚至厕所都放着笔和纸，以便随时记录灵感。就这样精心构思了 10 年，他终于写出了《三都赋》。《三都赋》一上市便传遍了洛阳，大家竞相传阅抄写，一度让洛阳的纸张供不应求，导致纸价大涨。后来，"洛阳纸贵"这个成语被用来形容著作广泛流传，风行一时。

陆机辍笔

　　陆机是西晋的文学家、书法家，也是孙吴丞相陆逊之孙。西晋初年，陆机曾撰写了《三都赋》，当时左思也在写，陆机对此嗤之以鼻。但是当陆机看完左思写的《三都赋》后，惊叹不已，便将自己的《三都赋》手稿烧掉，以示辍笔。后来就有了"陆机辍笔"的典故。

第五节

穷奢极欲的社会风气

文物档案

名　称： 西晋青瓷官吏俑

出土地： 湖北省荆州市八岭山一号墓

特　点： 人物着西晋文职官服，头戴"进贤冠"官帽，双手呈特殊手势。

收　藏： 荆州博物馆

晋武帝司马炎统治后期，一改之前的兢兢业业，开始沉溺在骄奢淫逸的享乐中。他先是大修祖庙，耗费金银无数；又将东吴的妃嫔都纳入自己的宫中，加上原先的妃嫔，宫中人数达万人之多。所谓上行下效，晋武帝带头奢靡，公卿贵族也开始以奢华为荣，竞相斗富。

车骑司马傅咸曾上书，以"侈汰之害，甚于天灾"来劝诫晋武帝，沉醉于"太平盛世"中的晋武帝却听而未闻，依旧不理朝政，导致大权旁落。就在晋武帝病重之际，大臣杨骏利用职权篡改诏书，从而掌控朝政。290年，晋武帝急火攻心之下暴毙。

下面让我们走进博物馆小剧场，一起感受下西晋的奢靡生活吧。

博物馆小剧场　纸醉金迷的社会风气

1 在皇上兢兢业业的治理下，国家呈现一片盛世景象。皇上开始享受了，不仅把祖庙修整得极为富丽堂皇，还把东吴的嫔妃充实到自己的后宫。我敢说，皇上的后宫绝对是有史以来嫔妃最多的。

2 我们都要向皇上"学习"。现在上朝，谁还会讨论什么国计民生？都在聊谁家又买了新的马车，又淘到了什么奇珍异宝。听说大臣何曾和他儿子何劭每天都要花费一两万钱，羡煞我也！

3 今天下朝后，皇上到女婿王济家去做客了。据说，宴席上，光侍宴的婢女就有 100 多个，而且个个都穿着绸缎，排场可大了。我得想办法多捞点钱，要不被人家一比多惭愧啊！

4 京中有个富豪叫石崇，他家里的厕所都比平常百姓家的房子华丽，不仅预备着甲煎粉、沉香汁之类的香料，里面甚至还有一张绛纱帐大床。天啊，有机会我一定亲自去感受一番。

　　晋武帝执政后期，整个社会都盛行奢靡之风。晋武帝带头沉溺在骄奢淫逸当中，大臣们也以极尽奢华为追求目标，大大加剧了社会资源的浪费，致使底层人民生活更加困苦。加之权臣杨骏利用职权篡改诏书，导致西晋大一统局面开始瓦解。后期贾后的出现，进一步破坏了西晋王朝的政治稳定和社会秩序，使得国家陷入了长期的动荡和混乱之中。

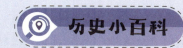

历史小百科

"大度"的晋武帝

　　有一次，晋武帝问司隶校尉刘毅："我可与汉代的哪一位皇帝相比？"刘毅答："桓帝或灵帝。"这两位皇帝是有名的昏君。晋武帝问道："怎么会糟糕到这种地步？"刘毅答："桓帝、灵帝卖官的钱收归国库，而陛下卖官的钱流入私人腰包，如此说来，陛下恐怕还不如桓帝和灵帝。"晋武帝大笑道："桓帝和灵帝怕是听不到这样的直言，而我有如此忠正耿直的臣子，比他们好多了。"

王石斗富

　　西晋文明皇后的兄弟王恺和散骑常侍石崇都拥有家财万贯，他们不断攀比谁更奢侈：王恺用米酒洗锅，石崇就用蜡代柴烧；王恺用紫丝绸铺设路障 40 里，石崇便用织锦缎铺设路障 50 里；石崇用花椒粉刷墙，王恺就用赤石脂涂墙。两人斗富斗得令人瞠目结舌。

第六节

贾后专政时代

290 年，晋武帝司马炎去世，其子司马衷继位，史称晋惠帝。晋武帝弥留之际，曾下诏命汝南王司马亮与杨皇后的父亲杨骏共同辅政，并册立太子妃贾南风为皇后。晋惠帝即位后，由于先天智力存在缺陷，无法处理朝政，对贾后言听计从。杨太后和她的父亲杨骏则趁机伪造诏书，开始独揽大权，这与妄图掌权的贾后产生了利益冲突。291 年，贾后与楚王司马玮合谋发动政变，诛杀了杨骏。事后，贾后又担心司马玮和司马亮妨碍自己专权，于是先诬陷司马亮和卫瓘要废帝谋反，以晋惠帝的名义命令司马玮率军诛杀司马亮和卫瓘。之后，贾后又以司马玮假传皇帝诏令杀死重臣的罪名，处死了司马玮。就这样，贾后将妨碍她的势力一个个消灭后，开始独揽朝政。

博物馆小剧场　　不择手段的贾后

1 虽说武帝生前看不上我，但他驾崩后，我如愿当上了皇后。司马衷先天智力有点儿缺陷，原本我还觉得不公平，现在却发现是好事，因为他对我言听计从，正好充当我专政的"傀儡"。

2 听说武帝弥留之际曾让杨骏和司马亮共同辅政，而杨氏父女居然伪造诏书，独揽大权。为了阻止我插手政事，杨氏父女安排亲信掌管宫中机密要事。我决定和楚王司马玮联手除掉杨氏父女！

3 司马玮果然够狠，很利落地除掉了杨骏。接下来要对付的就是汝南王司马亮了。我让人放出谣言，说司马亮和卫瓘要谋反，然后以皇上的名义，命令司马玮诛杀这两个人。司马玮不得不从！

4 司马玮虽然帮了我不少，但他知道的事情太多，有他在，总有一天也是祸害。于是，我以司马玮假传圣旨陷害大臣的罪名处死了他！哈哈，我这招连环计用得不错吧？

　　皇后贾南风处心积虑，设计铲除了所有障碍，成功实现专政。在她专政的 8 年时间里，表面上看西晋朝政稳定，实际上涌动着波谲云诡的暗流，危机四伏。贾后冷酷奸诈，滥杀无辜，她并不满足于皇后的身份，一心想成为西晋王朝的实际统治者。她的一系列决策给国家带来了巨大的灾难，极大地加速了西晋灭亡的进程。

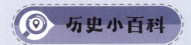

历史小百科

不知人间疾苦的晋惠帝

　　有一年，国家遭遇饥荒，百姓饿死无数，有大臣向晋惠帝司马衷奏请开仓放粮。谁知，司马衷却感到十分纳闷，问道："既然没有粮食，他们怎么不吃肉粥呢？"由此可见晋惠帝对民间疾苦的无知。

受尊崇的乳母

　　贾后贾南风的乳母叫徐义，在"杨骏之乱"中因保护皇后有功，被拜为美人，并获赐大量财物。徐义死后，葬礼规格很高，有女监主持操办，还赐钱 500 万，绢布 500 匹，供备丧事。作为一个乳母，徐义能够如此风光，历史上也很少见。

第七节
八王之乱（一）

文物档案

名　称：顾恺之《女史箴图》
出土地：洛阳市老城瀍河五股路小学
特　点：根据西晋张华写的《女史箴》
绘制，原文借女子的德行操守讽刺贾后。
收　藏：英国伦敦不列颠博物馆

　　独掌政权 8 年的贾后一直没有儿子，她担心太子司马遹（yù）继位后会对自己不利，便想要除掉太子。299 年，贾后以"太子谋反"为借口，让晋惠帝下诏废除司马遹的太子之位。贾后的行为引起了朝中诸多老臣的不满，他们找到手握兵权的赵王司马伦，想让司马伦拥立太子复位，并除掉贾后及其党羽。然而，司马伦的谋士孙秀却建议司马伦等贾后杀死太子后，再以为太子复仇的名义废掉贾后。司马伦接受了孙秀的建议。孙秀又用了一招反间计，放出风声说有人要废掉贾后，迎太子回宫。贾后果然中计，不久便杀死了司马遹。之后，赵王司马伦联合齐王司马冏（jiǒng）等人诛杀了贾后及其党羽。事后，司马伦伪造诏书，自封持节。自此，西晋的朝政大权便落到了佞臣孙秀和司马伦一族手中。

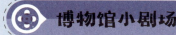

博物馆小剧场　**野心勃勃的贾后**

1 贾后的野心真不小，转眼已经专政 8 年了。可惜她没有儿子可以倚仗，而太子司马遹一天天长大，这让她寝食难安。这不，她污蔑太子要夺位，皇上大怒之下废了司马遹的太子之位！

2 这下算是引起了群臣的愤怒。思来想去，他们觉得我家赵王手握兵权，实力最强，便来劝说赵王帮忙拥立太子复位。赵王也早就看不惯贾后专政了，原本是打算同意的，被我及时劝阻了。

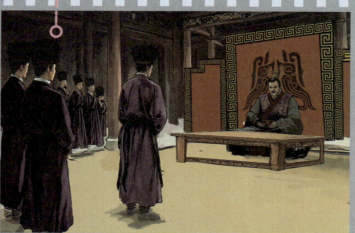

3 我告诉赵王，权力在谁的手里都不如在自己手里。他可以先让贾后和太子自相残杀，然后再除掉贾后及其党羽，如此一来，就能坐收渔翁之利了！赵王对我的建议很是满意。

4 心狠手辣的贾后果然毒害了太子。赵王以替太子复仇的名义，联合齐王司马冏诛杀了贾后及其党羽。我们又伪造诏书，让赵王当上了相国。哈哈，现在大权就掌握在我和赵王手里了！

晋武帝司马炎最初为了巩固皇族势力、制衡士族中的野心家，大封司马宗室为诸侯王，并赋予其政治权力及独立兵权。这一做法遏制了士族或其他势力对皇权的觊觎，却也削弱了中央政府对地方的控制力。另外，宗室成员之间由于权力和利益的争夺，很容易产生矛盾和冲突。在司马炎去世后，这些矛盾逐渐激化，最终导致了"八王之乱"的发生。

📍 历史小百科

如坐针毡

司马遹自幼聪慧，深受祖父司马炎的喜爱。贾后为了把司马遹养废，指使宦官教唆司马遹不务正业。司马遹没有了正向的教导，便开始纵情玩乐。有一个叫杜锡的人，多次规劝司马遹修身肃己。司马遹便对他心怀怨恨，故意在杜锡常坐的毡垫中放了一些针，杜锡被扎得疼痛不已。成语"如坐针毡"就是由这个故事引申而来的。

《女史箴》与《女史箴图》

《女史箴》是贾太后专政时期辅政大臣张华所作的劝谏文章。贾太后排除异己的手段暴虐，张华虽然是贾太后一手提拔的，却很不满她的所作所为，写下《女史箴》，以历代12位贤妃的德行进行劝谏。此文贾太后并没放在心上，却在民间引起轰动。后来，东晋画家顾恺之在绢本上依据此文画了12段画卷，即《女史箴图》。

第七节

八王之乱（二）

文物档案

名　称：西晋神兽纹玉樽

出土地：湖南省安乡县西晋刘弘墓

特　点：底部以三熊足支撑，器身缀以繁复精美的纹饰，疑似用来洗笔的器物。

收　藏：湖南博物院

301年，赵王司马伦废晋惠帝，自立为帝。为了体验权力的滋味，司马伦大肆滥封官爵，令其他诸侯不满，又引发了一场又一场的厮杀。

自晋武帝去世后，西晋皇室内部的权力之争持续了16年之久，因主要有赵王司马伦、齐王司马冏、成都王司马颖、河间王司马颙（yóng）、长沙王司马乂（yì）、东海王司马越、汝南王司马亮和楚王司马玮8位诸侯王参与其中，所以被称为"八王之乱"。306年，东海王司马越迎晋惠帝回洛阳重登帝位，至此"八王之乱"结束。

307年，晋惠帝被毒杀，司马炽继位，史称晋怀帝，改年号永嘉。

博物馆小剧场　黑暗的八王混战

1 无能之辈司马伦竟然废了皇上，自立为帝，这怎么让我们服气？齐王司马冏、河间王司马颙和成都王司马颖率先发动政变，杀了司马伦。最终朝政大权落到了司马冏手中。我作为东海王，决定静观其变。

2 司马颙开始讨伐司马冏。不过，长沙王司马乂近水楼台，连夜闯进皇宫，诛杀了司马冏，夺得大权。司马颙又联合司马颖起兵攻打洛阳。我趁司马乂不敌的时候，活捉了司马乂献给司马颙。

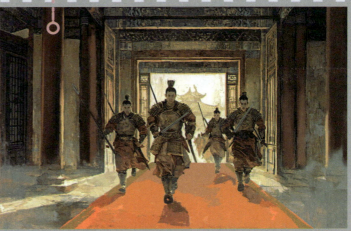

3 我原本的目的是借刀杀人，没想到被司马颖钻了空子。我当然不能吃这哑巴亏，和司马颖打了起来。谁知趁我们混战，司马颙把持了朝政，连皇上想召我入京共同辅政，他也不让。

4 我不能坐以待毙，于是联合范阳王司马虓一起征讨司马颙。司马颙不敌我们，大败而逃。我把皇上接回洛阳复位。这下还有谁能与我争锋？我才是笑到最后的王！

　　八王之乱历时16年，是中国历史上最为严重的皇族内乱之一。这期间，各诸侯王为了争夺权力和地盘，不惜相互攻伐、杀戮，死伤众多。这场斗争使得中央政权逐渐失去了对地方的掌控力，统治力量消亡殆尽，州郡无兵可用，彻底动摇了西晋王朝的统治基础。此外，诸侯王为在这场混战中取胜，纷纷利用少数民族武装力量，让中原沦为匈奴族和鲜卑族的战场，为后期永嘉之乱埋下了隐患。

历史小百科

刘弘塑像

"狗尾续貂"的由来

　　刚当上皇帝的司马伦对权力非常痴迷，迫不及待地给身边的人封赏官爵。随着被封官的人越来越多，宫廷库存的专门用来做官帽冠饰的貂尾不够用了。大家只好找狗尾巴来凑数。后来老百姓就用"貂不足，狗尾续"来讽刺当时朝政的腐败。现在"狗尾续貂"常用来形容前后不匹配的情形。

刘弘是谁？

　　刘弘是西晋时期杰出的将领和政治家。在荆州任职期间，刘弘率陶侃等将领平定了荆州的叛乱，进一步巩固了西晋在南方地区的统治。此外，刘弘主张劝课农桑，宽刑轻赋，在所辖区域内，颁布了一系列有利于民生和发展的政策，深受百姓爱戴。刘弘还是一位收藏家，从他的墓中发现的神兽纹玉樽，经鉴定是东汉时期的器物，由此可以看出他收藏古董的爱好。

第八节

永嘉之乱（一）

文物档案

名　称：西晋"晋归义氐王"金印

特　点：此金印是西晋王朝颁发给归附的氐族首领的官印，由黄金铸成。驼钮，驼呈跪姿。印面刻"晋归义氐王"五字。

收　藏：甘肃省博物馆

在八王之乱期间，战事频繁，加之天灾不断，导致百姓颠沛流离，背井离乡，各地出现了大量的流民。301 年，氐族人李特在益州率领流民暴动，各地流民纷纷响应。次年，李特自称持节大都督、镇北大将军，领益州牧，改年号建初。这一时期，有很多少数民族趁乱涌入中原地区，他们不堪忍受官府的压迫，也纷纷起兵反抗。304 年，南匈奴贵族刘渊在离石（今属山西吕梁）起兵反晋，自称大单于。后迁居左国城（今山西吕梁离石区东北），改称汉王，建立汉赵政权，打出了反晋的旗号。为了躲避战乱，307 年，晋武帝的侄子司马睿率西晋王室渡江南下到达建邺（今江苏南京）。大批宗室、中原士族及流亡百姓跟随南逃，中原文明与政权随之南迁，史称"衣冠南渡"。

🎯 博物馆小剧场　　晋朝廷的南迁之路

1 如今朝廷动荡也就罢了，天灾还不断，我们这里及周边村镇的人都背井离乡，成了无家可归的流民。我们刚到益州，就遇到氐族人李特带领流民攻打当地府衙，便毫不犹豫地加入了他们。

2 我们的队伍里有很多异族的面孔，他们是战乱的时候逃难到中原的。他们本以为中原的日子好过，没想到官吏根本不给百姓活路，便加入我们的队伍了。

3 我们刚刚占据几个府衙，还没有制订出下一步计划的时候，就听说蛮族发动了战争。其中有个叫刘渊的南匈奴人建立了汉赵政权，最先打出了反晋的旗号。我们要投靠过去吗？

4 这时又传来司马睿渡江去了建邺的消息，还有好多宗室成员、士族和流亡百姓都跟着去了。虽说晋的统治者不怎么样，但南方气候温和，最重要的是很少打仗。我们也去南方吧！

　　"衣冠南渡"是一个具有重大历史影响的事件，晋朝统治集团及大量中原人口为了躲避战乱从中原迁移到南方，给南方地区带去了大量的劳动力和先进的文明文化，极大地促进了长江中下游地区的经济开发，重塑了中国古代的经济和文化格局。

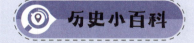

历史小百科

《宣示表》

中原人为什么愿意南迁？

　　首先，南方气候得天独厚，有利于农作物的生长。与北方的严寒相比，南方更适宜生存和居住。其次，南方的文化氛围更加包容和开放，乐于接纳不同文化的交流。此外，当时南方的政治和社会秩序都相对平和，对于饱受战乱之苦的中原人来说，无疑具有极大的吸引力。

怀帖过江

　　王导是司马睿的重要谋士，也是王羲之的伯父。他特别喜欢卫瓘、钟繇这两位书法家的作品。经过一番努力，王导终于得到了钟繇的《宣示表》，并将其当作镇宅之宝。衣冠南渡时，王导扔下所有金银财宝，却独独把《宣示表》缝在自己的衣带中一同渡江，可见他对此有多珍爱。

第八节

永嘉之乱（二）

听闻刘渊公然反晋，西晋并州刺史司马腾派将军聂玄发兵讨伐刘渊。因双方实力过于悬殊，晋军全军覆灭。随后，刘渊大军夺取并控制了并州南部。308 年，刘渊称帝，国号为汉，史称汉赵（后改国号赵，史称前赵），定都平阳。309 年，刘渊派四子刘聪两次进攻洛阳，皆战败而返。310 年，刘渊病死，刘聪自立为帝。311 年，刘聪派大将石勒在苦县宁平城歼灭晋军 10 余万人，后又派刘曜（yào）向洛阳城发起最后的攻击，最终，晋军大败，晋怀帝被俘，这一事件史称"永嘉之乱"。

313 年，刘聪杀晋怀帝。晋怀帝的侄子司马邺在晋廷大臣的拥护下在长安称帝，改年号建兴，史称晋愍（mǐn）帝。316 年，汉赵大军攻陷长安城，晋愍帝投降，一年后被杀，西晋灭亡。

博物馆小剧场　动荡的永嘉时期

1 堂堂大晋怎么能容忍蛮夷造次？我们的并州刺史司马腾率先行动了，他派出聂玄将军率兵去讨伐刘渊。司马腾本以为胜券在握，没想到竟然被残暴凶悍的刘渊军队打得全军覆没！

2 刘渊病死了！本来应该由他的长子刘和继位，却被四子刘聪篡夺了皇位。刘聪太残暴了，不仅派心腹石勒歼灭了我们 10 余万士兵，他手下的刘曜还焚烧了我们的宫殿，大肆屠杀晋人。太可怕了！

3 我们可怜的先皇沦为蛮夷的阶下囚，被押往平阳后，听说经常要穿着奴仆的衣服给匈奴贵族倒酒！即便这样，他们也没有放过先皇，最终还是残忍地杀害了他。唉！

4 先皇的侄子司马邺在长安称帝了，我们这些大臣都满怀希望，认为大晋还有救。只是没想到，匈奴人根本不可能放过我们，很快攻陷了长安城。皇上被迫投降，随后惨遭杀害！大晋就这样灭亡了。

　　永嘉之乱是西晋历史上继八王之乱后的又一次大规模动乱，它使西晋政权最终走向消亡，令中原地区的文化遭到了毁灭性的破坏，经济处在崩溃的边缘。至此，短暂统一的中国再次分裂。北方开启了由少数民族统治的时代，形成了五胡十六国的混乱局面。与此同时，司马睿在江南建立东晋政权，与北方少数民族政权形成南北对峙之势。

 **历史小百科**

被当作奴仆的晋怀帝

　　永嘉之乱后，晋怀帝被当作"战利品"送到了汉赵的都城平阳。313年春节，刘聪在平阳的广极殿宴请群臣，为了羞辱晋怀帝，刘聪故意让晋怀帝穿着奴仆的青色衣服，为匈奴大臣们斟酒。晋朝旧臣们看到后，都忍不住当场痛哭流涕。尽管晋怀帝忍受着百般屈辱，刘聪还是残忍地毒杀了他。

少数民族内迁

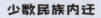

　　自东汉末年以来，统治者为强化控制、补充劳力和军力，招引大量少数民族迁居内地，到魏晋时期达到高潮。主要内迁种族为匈奴、鲜卑、羯、氐、羌，他们从各地迁至中原及邻近地区，总人数达800余万，关中地区少数民族人口占比过半。少数民族与汉族杂居，少数民族逐渐定居农耕。然而，魏晋统治者的歧视与压迫导致少数民族频繁反抗，动摇了西晋的政权基础，西晋最终亡于匈奴人之手。

第九节

东晋政权的建立

文物档案

名　称：东晋金嵌金刚石指环

出土地：南京市东晋王氏家族墓葬

特　点：金质，指环上镶嵌金刚石，是我国已发现最早的钻石戒指。

收　藏：南京市博物馆

317年，司马睿在建康（313年建邺改名建康）称帝，沿用"晋"的国号，史称东晋。东晋建立之初，世家大族琅琊王氏的王导因在南渡建国过程中的卓越贡献，深受司马睿尊崇。与此同时，王导的堂兄王敦出任荆州刺史，手握重兵。琅琊王氏在朝廷内外均拥有庞大的势力，是东晋政权的实际掌控者。永嘉南渡后，为了加强对北方南迁流民的管控，东晋实行"侨置州郡"的安抚政策，以此来休养生息，积蓄实力；在农业上，东晋朝廷为了在江南站稳脚跟，在多地实施屯田，开垦荒地，兴修水利，鼓励生产。此外，相比于西晋，东晋的官僚经商更为普遍，各地民间商贩也日益活跃。种种举措大大促进了江南地区的发展，推动中国经济重心由黄河流域向长江流域转移。

博物馆小剧场　　　"王与马，共天下"的东晋

1 我能坐上这个皇位，世家大族琅琊王氏功不可没，尤其王导出力最多。我很感激他，封他为宰辅，封他的堂兄王敦为荆州刺史。我完全不介意和王导一起共享天下，这都是他应得的！

2 为了安抚从北方南迁而来的流民，我颁布了"侨置州郡"的政策，设置专门的机构来管理流民的大小事宜。流民不必编入当地户籍，而且享有免除赋役的优待。

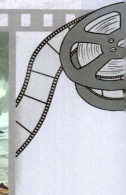

3 要想在江南站稳脚跟，发展经济很重要。所以我鼓励发展农业及相关的手工业，在多地都推行屯田的同时，鼓励开垦荒地。为了保障农业生产，我还要求官员主持兴修水利。

4 百姓从商是为了谋生，而如今很多官员也开始经商。他们可不是为了推动商业贸易，而是凭借特权为自己谋取利益。江州刺史刘胤在长江上从事长途贩运，严重影响了朝廷漕运，不管还得了？

　　东晋的建立，为后来南北朝时期南朝政权的建立奠定了基础。在这个动荡且多元的时代背景下，东晋政权对于维护南方稳定、抵抗北方少数民族侵扰起到了关键作用，为南方的繁荣稳定提供了有力保障。与此同时，东晋的一些贤臣名将，如祖逖、刘裕等，不满南北分裂的局面，纷纷发起了北伐战争，试图以军事手段实现中国的统一。

历史小百科

司马睿的登基趣事

　　在司马睿的登基仪式上，发生了一件有趣的事。就在司马睿走向御座的时候，他却突然转过身来，要拉着丞相王导一同去坐。底下的文武百官惊诧不已，丞相王导赶忙推辞，双方一时僵持不下。无奈之下，丞相王导说："假如万物和太阳一样光芒万丈，那臣子们该仰望谁呢？"司马睿只好自己走上御座当皇帝了。

拥有独特政治地位的王氏家族

　　金嵌金刚石指环的主人王廙（yì）是宰相王导的弟弟，也是王羲之的叔叔兼书法老师。他曾官至平南将军、荆州刺史等，是东晋的政治文化名人。作为辅佐东晋政权的世家大族，这枚钻戒从侧面反映出王氏家族拥有的独特的政治和经济地位。

第十节

北伐中原的祖逖

文物档案

名　称：东晋金珰冠饰

出土地：南京大学北园东晋司马睿墓

特　点：金质，用来装饰在帝王或公卿大夫的冠前。

收　藏：南京大学博物馆

八王之乱爆发后，出身世家大族的祖逖（tì）得到诸王的重视，历任太子中舍人等职。311年，京师洛阳陷落，祖逖带着族人南下避难。317年，祖逖意欲北伐，而此时的司马睿忙于治理江南，只拨给祖逖千人粮饷、三千匹布帛，至于士兵、兵器皆需祖逖自行解决。经过多年苦战，祖逖终于收复了黄河以南大片领土，以致后赵皇帝石勒都不敢南侵。321年，朝廷任命戴渊为征西将军，出镇合肥，牵制祖逖。朝廷的所作所为令祖逖颇为愤懑（mèn），加之目睹朝内动荡，北伐难成，祖逖忧愤成疾。即便如此，祖逖仍担心城南防御工事薄弱，派兵修筑堡垒。还没等到工程完成，祖逖便去世了。祖逖去世后，谯（qiáo）梁的百姓特意为祖逖修建了祠堂，以表达对他的怀念。

 博物馆小剧场　　深受百姓爱戴的祖逖

1 今天，我们谯梁的百姓自发为祖逖大人修建祠堂。祖逖大人尽管出身于北方大族世家，却常常接济我们这些贫困百姓。他一心惦记着南北的统一，并把它作为毕生的追求。

2 皇上即位后，祖逖大人申请北伐之事。当时皇上正忙于开拓江南呢，根本顾不上北伐的事情，但又不好拒绝祖逖大人，便给了他很少的粮饷，剩下的全让祖逖大人自己想办法解决。

3 祖逖大人靠自己的努力筹备好了人马和物资，又通过一次次征战收复了黄河以南大片领土。赵国原本想趁火打劫，却被一次次击退。祖逖大人率领的大军无人能挡。

4 眼看着北伐胜利在望，这时候朝廷却因为忌惮祖逖大人的声势，派戴渊牵制祖逖大人。再加上朝内局势动荡，祖逖大人感到北伐无望，竟然忧愤成疾，没多久就病逝了。唉……

　　祖逖毕生以北伐中原、收复故土为己任。他不顾个人利益得失，一心只为国家社稷，在一定程度上维护了东晋的稳定。祖逖的北伐历程也反映了当时北方政权并立的复杂局面。祖逖成功从后赵手中夺回黄河以南大片土地，尽管未能直接推翻后赵政权，也对后赵产生了深远的影响。后赵在应对祖逖北伐期间，内部矛盾逐渐激化，为灭亡埋下了隐患。

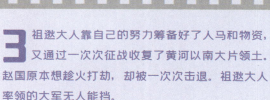

历史小百科

闻鸡起舞

　　祖逖和刘琨（kūn）同为东晋时的爱国将领，都怀有报效祖国之志。他们年轻的时候，经常交谈到深夜。一天半夜，祖逖听到公鸡打鸣，便叫醒刘琨，说："鸡半夜鸣叫不是不祥之兆，而是提醒我们早点儿起床练剑呢！"于是，他们每天一听到公鸡打鸣就早早起来舞剑。这就是成语"闻鸡起舞"的由来，用来形容有志之士奋发向上、百折不挠的精神。

中流击楫

　　祖逖在北伐的途中，带领一同流落江南的百余户人家横渡长江。大船行至江流湍急处，祖逖以手中的船桨重重击水，立下庄严誓言："若不能重振中原，夺回失地，我愿如同这奔腾不息的江水，一去不复返。"自此，"中流击楫（jí）"便用来抒发豪情壮志，表达坚定信念。

第三章

纷争不断的诸国

第一节

前赵风云

文物档案

名　称：东晋象牙骨尺

出土地：北京市石景山区八宝山华芳墓

特　点：象牙质，尺的两面都分刻十寸，刻度准确、清晰。

收　藏：首都博物馆

310年，刘渊病逝，其四子刘聪即皇帝位，并于316年灭西晋。刘聪在位期间独断残暴，常以重刑施于大臣。因一味沉迷享乐无心朝政，刘聪将朝政之事交由其子刘粲（càn）处理。318年，刘聪驾崩，刘粲继位，按照刘聪遗命，由丞相刘曜（yào）、大将军靳准辅政。同年八月，大将军靳准发动平阳政变，杀害刘粲。刘曜趁机发兵，大败靳准。319年，刘曜登基称帝，改国号赵，定都长安，史称前赵。刘曜在位期间为扩张势力范围多次对外征伐，并与后赵互起摩擦。328年，刘曜攻打洛阳时，大败后赵的石虎大军，自此开始骄傲轻敌，醉酒上阵，结果被后赵军杀害。329年，刘曜之子刘熙率领百官逃往上邽，后被石虎率军攻破，使得刘氏一族接近灭族。至此，前赵灭亡。

博物馆小剧场　前赵从建立到灭亡

1 原本我们跟着刘渊一起反晋，是为了能过上安稳日子。没想到刘渊一死，就出现了一个大乱子，四皇子刘聪竟然杀了太子刘和，直接继承了皇位。这一切弄得我们措手不及。

2 刘聪灭了西晋，本来我们还觉得他很有野心，应该能管理好国家。谁知，他不仅对我们这些臣子非常残暴，动辄施以重刑，还纵情享乐，把朝政之事交给儿子，自己什么也不管了！

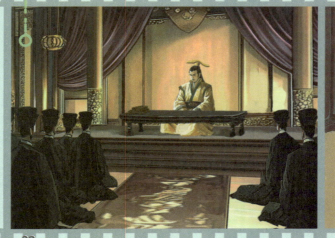

3 没过多久，刘聪就驾崩了，他的儿子刘粲继承了帝位。还没等到新皇施政，大将军靳准就发动了平阳政变，把刘粲给杀了。接着，丞相刘曜率兵平叛，大败靳准，夺取了皇位。

4 刘曜称帝后，改国号为"赵"，为了扩张，他多次征战后赵。不过因为他打了胜仗便得意忘形，再加上贪杯，上战场也喝酒，最后被后赵军杀了。他的儿子刘熙也被后赵所杀。唉，我们的国家灭亡了。

西晋灭亡后，随着少数民族的进一步内迁和各地掌权者的权力斗争，中国进入了长达数百年的大分裂、大混乱时期。继刘渊建立前赵之后，众多少数民族政权在中原地区相继兴起。这些政权多由匈奴、鲜卑等少数民族建立，彼此相互攻伐、争夺地盘，使得中原地区长期陷入战乱之中。

📍 历史小百科

龙门求子

传说，刘渊的母亲呼延氏在龙门祈求子嗣时，看到一条头顶长着两只角的大鱼。当天夜里，呼延氏便梦见白天的那条鱼变成了人，手里拿着一个有半个鸡蛋大、闪着亮光的东西。鱼人说这是"日精"，服下后可生贵子。后来，呼延氏果然生下一子，这个孩子出生时左手上就有一个"渊"字，遂以此作为他的名字。

华芳的丈夫与石勒的恩怨

华芳的丈夫是晋武帝时期的大将王浚，曾任使持节、都督幽州诸军事等职。308年，前赵将领石勒侵袭常山郡，被王浚领兵击破。后双方多次交战，石勒皆败。于是石勒以诈降之计，令王浚放松警惕。当王浚邀请石勒前来面谈时，石勒趁机带500名精兵擒拿了王浚，后将王浚杀害，还把王浚的头颅献给了前赵皇帝刘聪。

第二节

石勒建立后赵

文物档案

名　称：归赵侯印

出土地：河北省临漳县"邺城遗址"

特　点：铜质，印纽的马为屈腿下卧状。为后赵封侯之印。"归赵侯印"四字系凿刻而成。

收　藏：河南省安阳博物馆

　　石勒是羯族人，父亲是羯族部落的小头目。石勒少时孔武有力，擅长骑射，且胆识过人。早年，他曾被西晋官吏卖到山东为奴，后投奔刘渊，因屡立战功被封为校尉。石勒在刘氏手下南征北战，实力大增。随着汉赵内部动荡，石勒逐渐脱离，于319年建立政权，国号"赵"，史称后赵，石勒自称赵王。329年，石勒率军灭前赵，统一了北方大部分地区，与东晋形成南北对峙的局面。次年，石勒正式称帝。石勒称帝后，恢复了魏晋时期的九品官人法，正式承认汉族士族的选举权和免役特权；为汉族士人建立"君子营"，聘请他们辅佐国政；为了缓和阶级矛盾，对百姓实施减租缓刑的政策；颁布户税制度，注重劝课农桑；设立太学和小学，以培养人才。

博物馆小剧场　逆风翻盘的石勒

1 乱世之中，我曾被卖为奴隶，一度处境艰难。有幸投奔了汉帝刘渊，不仅被重用，还积聚了实力。如今，我当上了皇帝，北方大部分地区都在我赵国的统治下。我的人生真是改天换地啊。

2 我发现平衡汉人和我族的关系有利于维护稳定，再加上汉人很懂谋略，所以我为汉族士人设立"君子营"，请他们为我出谋划策。还恢复了九品官人法，让汉人有选举和免役的特权。

3 国家经济的发展离不开农桑业。我通过减少百姓的地租、减轻刑罚，鼓励百姓发展农业生产。我还让官员去各地巡查，对在农业生产中有突出贡献的人，赐予五大夫爵位。

4 为了巩固统治和培养治国的人才，我设立了太学，任命精通经文的官吏为文学掾。我还设立了小学，让将领和地方门阀的子弟们去读书，成绩优异的还会赠送给他们布帛。

石勒统一北方，建立政权，标志着中国北方少数民族力量的崛起。石勒顺应历史发展趋势，借鉴汉晋的政策制度，促进了边疆民族与中原汉族的深度融合，推动了我国统一多民族国家、多元化文明的发展进程。然而，石勒的统治手段残暴，他之后的继任者石虎更是有过之而无不及，使得后赵内乱迭起，自此走向了衰落。351 年，后赵最后一位皇帝石祗在襄国被部将刘显所杀，后赵灭亡。

📍 历史小百科

"黄瓜"名称的由来

石勒制定了一条说话不能出现"胡"字的法令。一次，石勒见樊（fán）坦穿得破破烂烂，便问他是怎么回事。樊坦说都被胡人抢走了，说完发现犯了大忌，好在石勒没有追究。中午吃饭的时候，石勒指着胡瓜故意问是什么，樊坦回答说"玉盘黄瓜"，石勒这才满意。自此，胡瓜就被称作黄瓜了。

重视人才的石勒

张宾是"君子营"中的一员。张宾刚到石勒麾（huī）下时并未受到石勒重用，后来张宾为石勒献上了许多关键的战略方案，如"先定河北，后争雄天下"等，帮助石勒在军事上取得了重大胜利。石勒因此对张宾非常尊重和信任，甚至待他如师长般，出则同车，饭则同席。

第三节

东晋大将王敦的叛乱

文物档案

名 称：东晋王敦城遗址

特 点：大将王敦屯兵芜湖，驻扎鸡毛山，筹划率兵攻打晋都建康，于是依山垒土筑城，即王敦城。

地 点：安徽省芜湖市鸡毛山一带

东晋建立后，司马睿开始有意削弱士族集团琅琊王氏的势力，同时提拔大臣刘隗（wěi）、刁协等人，命刘隗、戴渊各率万人之兵，分屯驻于合肥、泗口（今江苏清江西南），以监视镇守武昌、手握重权的王敦。王敦对司马睿的举措极为不满。322 年，王敦以"清君侧"的名义进攻建康，先后杀死刘隗、刁协。之后，王敦纵兵四处掠夺，以致建康大乱。司马睿只得向王敦求和，并封王敦为丞相。至此，朝政大权由王敦把控。司马睿因大权旁落，愤慨而终，其长子司马绍继位，史称晋明帝。323 年，王敦密谋篡位，晋明帝知晓后决定讨伐王敦。王敦因病情严重不能率兵，便命兄长王含、大将钱凤率领 5 万大军，迎战朝廷军队，最终战败。王敦闻败震怒，当日便撒手人寰。

博物馆小剧场 大将军的叛乱过往

1 要不是靠我们王氏撑起皇家颜面，哪有他司马睿的今天。他居然提拔了几个人，有意削弱我们王氏的势力！正好祖逖去世了，司马睿失去了臂膀。我决定发兵，拿回本属于我们的一切！

2 我以"清君侧"的名义，先除掉了刘隗和刁协，又放任士兵们四处烧杀抢掠，闹得建康不得安宁。司马睿只能向我求和，还升任我为丞相，都督中外诸军事，并且昭告天下还我清白。

3 司马睿眼见着自己的权力一步步被架空，不禁愤懑而疾，没多久就死了。没想到，这个继位的司马绍不是省油的灯，在群臣中很有威望。我可不容许他继续强大了，必须设法废掉他才行！

4 司马绍不知道从哪里听到风声了，竟然率先派兵讨伐我了！我有病在身，没办法亲自迎战，只好让兄长王含、大将钱凤率兵前往。只是，最近连连传回战败的消息，怎么办？

　　王敦叛乱揭示了东晋初期政治格局的复杂性，加快了士族门阀的衰落，同时也使皇权得以进一步集中。东晋在全力应对内政问题的同时，对北方政权的侵扰疲于招架，致使后赵在王敦之乱期间夺取了东晋兖州、徐州等大片土地。此外，东晋的动荡局势也促使众多少数民族政权积极谋求独立，为其势力扩张提供了机会。

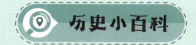

历史小百科

击鼓显威

　　据《世说新语·豪爽》记载，王敦年轻的时候，有一次晋武帝司马炎问他擅长何种技艺。他回答说，只会击鼓。于是，晋武帝便命人取来鼓，王敦毫不扭捏，立即振臂而起，扬槌（chuí）奋击。鼓声急促和谐，尽显豪迈气概，赢得了在座之人的赞叹。

我不杀伯仁，伯仁却因我而死

　　王敦叛乱时，身为同宗的王导怕受牵连，带领族人长跪殿前，表示与王敦划清界限。尚书周伯仁恰好经过，王导便恳请他向皇帝求情。周伯仁为避嫌，便没有回应，实际上却写了奏折极力为王氏一族求情。王敦攻入建康后，问王导如何处置周伯仁。王导误以为周伯仁没有帮他，什么也没有说。周伯仁被杀后，王导才看到周伯仁的奏折，追悔莫及，叹道："我不杀伯仁，伯仁却因我而死！"

第四节

前燕建立

　　333年，东晋辽东郡公慕容廆（wěi）去世，慕容皝（huàng）承袭父位。341年，东晋加封慕容皝为燕王，燕国正式建立，史称前燕。慕容皝在位时，向贫民提供耕牛，促进经济发展；重视教育，亲自授课并组织考试。348年，慕容皝去世，其子慕容儁（jùn）继承燕王位。慕容儁勤于政事，使得社会稳定发展，同时通过军事行动拓展了前燕的版图。360年，慕容儁去世，其幼子慕容暐继位。最初，慕容暐依靠太宰慕容恪的辅佐，维护了国家的稳定。然而慕容恪死后，慕容暐沉迷享乐，导致国势日渐衰落。370年，前燕为前秦所灭。慕容家族的统治深受汉族政策影响，从慕容廆开始就和汉族士大夫共同治理国家。在继承制度上，从"立能原则"逐步转变为"嫡长子继承制"，顺应了民族融合的趋势。

博物馆小剧场　慕容家族的改革

1 先帝慕容皝在位期间，很重视农业。他让我们这些大臣给贫困的老百姓提供耕牛，保证农业生产顺利开展。大家的积极性一下子被调动起来了，收成一年比一年更好。

2 先帝十分喜爱汉族文化，积极推行儒学。先帝还创办了学校，鼓励我们这些大臣的子弟进学校读书。有时候他还会亲自授课，并选拔那些精通经籍的人担任近侍。

3 当今圣上慕容儁也是一表人才，不仅用心管理内政，而且战功赫赫，扩大了我国的版图。只是圣上为了彻底消灭东晋和前秦，频繁发动战争，老百姓有点儿吃不消呀！

4 皇室最怕皇位继承时的动荡，在先帝之前，都是根据才能决定继承者。可大家都觉得自己有才能怎么办？所以，我们转而采用汉人的嫡长子继承制了。这下选拔继承人简单多了。

自慕容皝起，前燕共历三主，最终因政治腐败被前秦所灭。鲜卑族在入主中原后，积极吸收汉族等民族的优秀文化，并将其与本民族文化相融合，形成了独具特色的文化交流体系。此外，前燕崛起初期，间接减轻了东晋在北方所面临的压力，使得东晋能够应对内部的政权斗争。然而，随着前燕的国力日益强盛，双方爆发了中原争夺战，东晋政权又陷入了长时间的动荡之中。

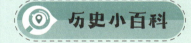

历史小百科

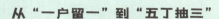

从"一户留一"到"五丁抽三"

为攻打东晋和前秦，359 年，慕容儁让各州郡统计兵力，规定每户仅留一名成年男子，其余成年男子均需应征入伍。武邑人刘贵上书劝谏，担忧此举会使民众不堪重负，引发动乱。最终，慕容儁采纳了刘贵的大部分建议，调整征兵策略，改为每五丁抽三人的制度，并适当延长了战备筹备的期限。

"龙"规制的来历

据《晋书》记载，慕容皝曾在凤凰山的支脉上看到黑白两条巨龙腾空翱翔、嬉戏的吉兆，便把此山命名为龙山，又建佛寺以祭祀天象，佛寺取名龙翔佛寺。后人猜测，慕容皝所看到的天象可能只是两朵龙形云彩。也有说法认为是大臣用风筝做的假神龙，以讨慕容皝欢心。此后，前燕一切规制皆效仿华夏正统：龙城、龙平陵、龙腾苑……表明慕容皝以"真龙天子"自居，借天象之变萌生出逐鹿中原的战略构想。

第五节

桓温的三次北伐

文物档案

名　称：成汉俑

出土地：成都市浆洗街桓侯巷成汉墓

特　点：陶俑具有典型的成汉风格，制作较为精细，凸目、阔口、大耳。

收　藏：成都博物馆

　　东晋权臣桓温出身于官宦世家。346 年，桓温率军西征，平定蜀地。次年，桓温率军灭掉成汉，成功收回巴蜀。执掌东晋朝政的会稽王司马昱忌惮桓温的势力，重用大臣殷浩，并派其出兵北伐。354 年，桓温对朝廷施压，迫使朝廷将殷浩贬为庶人，从而掌握了朝中大权。之后，桓温率军北伐前秦，被前秦皇帝苻坚率兵击退，第一次北伐失败。两年后，桓温率军北伐东晋叛将姚襄，成功收复了洛阳。364 年，桓温率军北伐前燕，不敌大将慕容垂兵马，惨败而归。371 年，桓温废司马奕（yì）的帝位，改立司马昱为帝，史称简文帝。随后，桓温要求朝廷加赐九锡。为维护晋室，大臣谢安、王坦之针对桓温的要求采取了拖延战术，使得桓温直到去世也没能达成所愿。

博物馆小剧场　　**艰辛的北伐之路**

1 朝廷内部这段时间还算安稳，没想到，南边却乱了起来。我跟着桓温将军趁机出兵讨伐，灭掉了成汉，桓温将军也顺势掌握了国家的全部兵权，但他要的远不止这些。

2 我们跟着将军去讨伐秦国，在白鹿原大战中，被敌军斩杀万余人。他们还割走我们的麦子，导致我们陷入了缺粮的困境。眼下，我们只能撤军而返，第一次北伐就这样失败了。

3 姚襄反叛了！将军奉命去讨伐，成功收复了洛阳。将军本想让朝廷趁机迁都洛阳，以守住战果，然而皇上可能已经适应南方偏安的生活，拒绝迁都，我们只好率军南撤。

4 将军又率军北伐燕国，结果大败而归。这之后，将军把心思都放在了内部的权力斗争中。他先是通过废帝立威，接着要求朝廷加赐九锡。可惜直到去世，他也没能如愿。

桓温极具野心，他平定蜀地之后，力排众议先后发动三次北伐，在一定程度上消灭了西部和北方对东晋的威胁，扩大了东晋的疆域。但同时，频繁的征战也消耗了东晋的国力和财政，加剧了东晋与北方政权之间的矛盾和冲突，使得淝水之战的爆发成为必然的趋势。桓温对权势的争夺与控制，加剧了东晋朝廷内部的争斗，使东晋在动荡中逐步走向灭亡。

📍 历史小百科

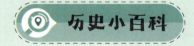

以仁德理政的桓温

桓温在担任荆州刺史的时候，想用仁德来治理江汉地区。一天，有位令史因为犯错接受杖刑，结果木棒只从官服上轻轻擦过。桓温的儿子桓式看到后说："那个棍子高高举起都能碰到天上的云脚，落下时却只轻轻擦过地面。"意在讥讽这棍棒压根儿没碰到人。桓温却说："我还担心打得太重了呢。"

流芳或遗臭

桓温总想做出一番轰轰烈烈的事业，曾对亲信说："如果一直这么默默无闻，将来死后定会被文景（指晋景帝司马师和晋文帝司马昭）所笑话。一个人若不能流芳百世，那还不能遗臭万年吗？"桓温路过王敦的坟墓时，还说王敦是自己的榜样，流露出对极高权势的向往。

第六节

淝水之战（一）

文物档案

名　称：襄阳夫人城

特　点：实际上指一段城墙，与襄阳城紧紧相连。是襄阳人为缅怀东晋襄阳守将朱序之母韩夫人所筑。

地　点：襄阳城西北角

351 年，氐族人苻健建立前秦政权。到苻坚继位时，前秦的国力尤为昌盛。苻坚勤政为民，推行区田法，并引泾水灌田，还大力兴办学校。376 年，前秦灭掉了前凉政权和代国，基本统一了中国北方。苻坚自恃国强兵盛，决心灭掉东晋，统一南北。同年，东晋简文帝驾崩，其第六子司马曜继位，史称晋孝武帝。权臣谢安被任命为宰相。为抵御前秦的侵扰，谢安举荐侄儿谢玄为刺史。谢玄招募刘牢之等威猛之士，组建了赫赫有名的"北府兵"，为对抗前秦做好了准备。378 年，苻坚率军分两路进攻东晋，大破襄阳，俘虏了东晋大将朱序。晋孝武帝命谢石、谢玄率军迎击，连败前秦军，使其退回淮北。秦、晋的第一次交锋，以平手告终。

 博物馆小剧场　前秦与东晋的初次交手

1 要问现在北方谁才是王者，非我们大秦莫属。我消灭了凉国和代国，基本统一了北方。南方主要被晋国占据着，我算了算兵力，感觉拿下他们简直如大象踩死蚂蚁那么容易。

2 我一直很注重发展国家经济，所以我推行了区田法，还用泾水灌田，大大提高了农业收益。经济上越来越好，一旦打起仗，就不怕战士们吃不饱饭没有斗志了。

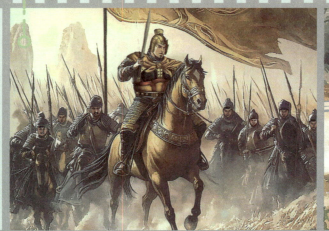

3 刚刚密探来报，东晋那边组建了一支精锐部队，听说很厉害。大家都说晋国目前政局稳定，国力不容小觑。我才不把他们放在眼里。我大秦如此强盛，势必拿下晋国，一统江山！

4 我派出两路大军进攻晋国，一举攻破了襄阳，甚至还把晋国的大将朱序俘虏了。只是没想到，东晋将领谢石和谢玄这么勇猛，竟然把我的大军逼退了。好吧，这次打了个平手！

　　苻坚自登基以来，虽然通过各种措施推动了前秦的经济发展，但因为前秦境内民族过于复杂，除中原的汉族外，还有周边的羌人、匈奴以及鲜卑拓跋氏、慕容氏等多个民族，导致内部民族矛盾长期存在，政权动荡不安。与此同时，东晋政局相对稳定，还拥有谢安、谢石和谢玄这样的得力人才，故而前秦战胜东晋的可能性很小。

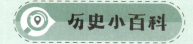
历史小百科

大将朱序母亲韩夫人

　　378 年，前秦大军向东晋襄阳城发现进攻，当时的襄阳由梁州刺史朱序镇守。朱序的母亲韩夫人早年随丈夫朱焘在军中生活，对战事颇为知晓。当襄阳外城被前秦大军攻破时，韩夫人便带领城中妇女连夜筑起一道内墙，帮助儿子坚守襄阳。后来，人们把韩夫人所筑的城墙称为"夫人城"。

隔绛帷而授业

　　苻坚十分重视教育，不仅兴办学校，还支持私人办学。太常韦逞的母亲宋氏因德才兼备，在家中设立了讲堂。苻坚亲自选送了 120 名学生，让他们隔着红色的帷帐聆听宋氏讲学。宋氏因此成为我国古代历史上首位获得官方认可的女教师，并获得了"宣文君"的封号，用以表彰她的卓越贡献。

第六节

淝水之战（二）

文物档案

名　称：前秦建元十四年纪年墓画像砖

出土地：甘肃省高台县许三湾墓葬

特　点：画面表现了前秦将士准备出征的场景。属于一级文物。

收　藏：高台县博物馆

383 年八月，苻坚不顾朝中大臣反对，以及内部民族和阶级矛盾，派苻融率步兵、骑兵共 25 万作为前锋部队，之后他亲自率步兵 60 万，骑兵 27 万，开始大举南侵东晋。东晋朝廷任命谢石为征讨大都督，任命谢玄为前锋都督，统帅 8 万兵力抵抗前秦，同时命龙骧将军胡彬带领 500 水军援助寿阳，三路兵马北上迎击前秦军。同年十月，苻融攻下军事重镇寿阳，又派部将梁成率兵 5 万进驻洛涧，与东岸的晋军隔河对峙。苻坚派东晋降将朱序前往劝说东晋大将谢石、谢玄等投降。朱序私下却劝谢石他们主动进攻前秦。东晋采纳朱序的建议，趁秦军主力未完全集结发起全面攻击，派北府参事刘牢之夜袭梁成营垒，大败秦军。前秦大将梁成当场战死。东晋首战告捷，士气大振。

博物馆小剧场　苻坚的一意孤行

1 天王一心要攻打晋国，尽管我和其他老臣苦口婆心劝说，提醒他国内的民族矛盾不断，凝聚力严重不够，而晋国有长江天险作为屏障，这场讨伐还需从长计议。可天王全然不听。

2 天王自信满满，组织了 60 万步兵、27 万骑兵，并亲自挂帅上前线。本以为东晋会被这阵仗吓退，没想到他们的丞相谢安居然镇定自若，直接派出 8 万精兵来抗击我们。

3 我们的大将苻融没多久就拿下了军事重镇寿阳。紧接着大将梁成率领着 5 万士兵进驻洛涧，构筑起坚固的防线，以阻挡东晋前来救援寿阳的军队。

4 天王为了尽快结束战事，派晋国的降臣朱序到那边劝降。朱序回来说，对方态度强硬，拒绝投降。没多久，东晋大将刘牢之率领 5000 精兵，趁夜晚袭击洛涧，让我方损失惨重！

在淝水之战开战前，东晋面临着前秦的强大压力，统治阶级内部出现巨大分歧。而与前秦的首战获胜，使东晋政权趋于稳定，极大地鼓舞了晋军的士气，同时有效遏制了北方少数民族的南下入侵。而对于前秦来说，战争的失利导致其内部政治更加动荡，各种政治势力重新洗牌，对后来的战事产生了重要影响。

历史小百科

投鞭断流

在苻坚南下讨伐东晋之前，护卫太子的官员石越进言："晋军占据天险，如果强行渡江的话，一定会造成很大的损失。"自大的苻坚则说："我们大秦有百万大军，如果我让每个士兵都把鞭子投入江中，足以截断长江的水流。"这就是成语"投鞭断流"的由来，后用来比喻人马众多，兵力强大。

马鞭

东山再起

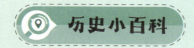

谢安早年在东山隐居，寄情于山水之间，无心政治。直到谢安 40 岁左右的时候，他的弟弟谢万遭到贬黜，为挽回家族的地位和名声，谢安才决定出山从政。而他进入政坛后，很快展现出卓越的政治才华，一举成为当朝宰相。成语"东山再起"指再度出任要职，也比喻失势之后又重新得势。

第六节

淝水之战（三）

文物档案

名　称：前秦建元十四年胡俑牵马

出土地：甘肃省高台县许三湾墓群

特　点：一组两件，木马及俑雕刻
而成，施以墨色绘画。

收　藏：高台县博物馆

　　洛涧大捷后，谢石、谢玄率主力军水陆并进，乘胜追击前秦军直到淝水东岸，与前秦军隔岸对峙。符坚与符融登上寿阳城楼视察军情时，误将八公山上的草木当成了众多晋军将士，心中不禁有些发怵。双方在淝水两岸僵持期间，谢玄派人给符坚送信，要求前秦大军后撤，以便让晋军过河决战。符坚计划趁晋军渡河到一半时发起袭击，便欣然同意了后撤的要求。然而，当前秦军刚开始后撤，东晋降将朱序突然大喊"秦兵败了"。前秦军听后，大乱阵脚，很快全线陷入崩溃。

　　晋军乘胜渡过淝水，大败前秦军，还射杀了符融。符坚身中一箭，带着残兵败将逃回北方。这一战，晋军大获全胜。

 博物馆小剧场　**绝望的前秦**

1 大战在即，我和符融登上寿阳城楼，想看看晋军那边的阵势如何。而令我感到震惊的是，对面山上密密麻麻的一片全是晋军。尽管符融告诉我那些都是草木，我还是忍不住惊慌。

2 谢玄派人给我送来一封信，说是让我们的大军后退，好让他们过河来决战。我觉得这是个好机会，刚好可以趁晋军渡河到一半的时候发起攻击，打他们一个措手不及！

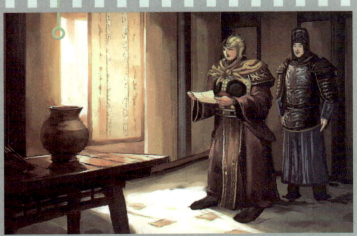

3 朱序这个叛徒！就在我们的大军开始撤退的时候，他突然大喊"秦兵败了"。后面的士兵不知道前面发生了什么，吓得四散奔逃。任我如何发号施令都难以让军队恢复秩序。

4 趁着我们大乱，晋军已经顺利渡河，一上岸就把我们打了个落花流水。我们的士兵死伤无数，苻融战死了，而我也中箭负伤。唉，顾不上那么多了，逃命要紧！

　　淝水之战后，遭遇惨败的前秦陷入动荡的政局之中。384 年至 386 年，前秦统治下的凉、燕、代、魏等势力纷纷复国或建国，北方再次陷入混战状态。前秦占据的巴蜀地区也被东晋趁乱夺回。之后，前秦的残余势力陆续被其他政权消灭。394 年，前秦最后一位皇帝苻崇被西秦凉州牧乞伏轲弹斩杀，前秦正式灭亡。

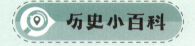

历史小百科

草木皆兵

　　秦晋两方在淝水决战的前夕，苻坚与苻融登上寿阳城楼，看见晋兵部阵严整，将士精锐，内心十分惶恐。此时，苻坚又看到八公山上的草木，都像是晋军一般，不觉有些害怕起来。后来，人们用"草木皆兵"来形容人在惊慌时疑神疑鬼的状态。

淡定从容的谢安

　　淝水之战结束后，有一封捷报送来时，谢安正在与友人下棋。他看完信件内容后，面不改色，继续下棋，仿佛无事发生。友人忍不住问他，谢安才淡淡地说："没什么，我们已经打败前秦了。"直到下完了棋，友人告辞以后，谢安才抑制不住心头的喜悦，手舞足蹈地进到屋内，连屐底上的屐齿折断了都没发现。

第七节

慕容垂建立后燕

文物档案

名　　称：后燕崔遹墓铜魁

出土地：辽宁省朝阳市四家子村

特　　点：盛器，尖唇，平底，沿一侧附有向上弯曲的短柄，柄首为龙首形。

收　　藏：朝阳市博物馆

　　慕容垂是前燕国王慕容皝的第五子，因其率军击败了东晋大司马桓温，声望大增，因而为当时摄政的慕容评所忌惮。慕容垂为了自保，投奔了前秦苻坚，并受到重用。淝水之战后，慕容垂趁前秦势力衰退之际，脱离前秦，准备复国之事。384年，慕容垂自称燕王，并于两年后称帝建国，史称后燕。后燕在政治上，承袭了中原汉族政权的政治制度，摒弃了单于制及胡制；在文化上，保留了包括八部制、祆教信仰等鲜卑文化；在经济上，由游牧经济转向农耕经济，并实行开明的经济政策，促进了手工业的发展。慕容垂鼓励士人学习儒家经典，推动了鲜卑族的汉化进程；同时注重发展文学、艺术、佛学等。经过一系列改革，后燕发展成为实力强盛的国家。

博物馆小剧场　勇于改革的慕容垂

1 我国建立后，圣上让我们针对游牧业的改革出谋划策。我们的百姓之前一直以游牧业为主，但要发展经济，必须重视农业。圣上听从我们的建议，开始大力提倡农耕，降低游牧业的比重。

2 圣上认为汉族的政治制度很先进，而且更有利于巩固统治，所以颁布诏令，宣布实施中原汉族政权的政治制度，摒弃单于制和胡制。圣上这一举措，可谓大刀阔斧啊！

3 对于鲜卑族的传统文化，圣上宣布继续继承，比如我们的祆教信仰和传统服饰照旧保留。而对于汉族的儒家经典，圣上鼓励我们这些士族多去学习，从思想和文化上吸取其精华。

4 今天在朝堂上，一位得道高僧和我们这些大臣一起商讨国家大事。这要是在以前根本不可能，可现在圣上规定，高僧可以向君主进言，参与国事的讨论。

后燕建立初期，实力强盛，曾击退东晋，打败前秦，消灭翟魏和西燕，一度成为当时北方最强大的政权，也为北方的文化融合奠定了基础。后燕强大的军事和政治实力对周边其他民族政权构成了威胁，同时也对这些政权的扩张和发展起到了制衡作用。然而，随着后燕陷入内乱与分裂，给其他政权提供了可乘之机，使得北方政治格局发生了新的变化。

历史小百科

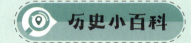

"一见倾心"的由来

传说慕容垂反叛苻坚后，苻坚的庶长子苻丕曾经派使者姜让去呵斥慕容垂。姜让提到慕容垂投奔前秦时深受苻坚恩情，两个人初次见面就相互欣赏的情景，试图挽回慕容垂。这便是"一见倾心"的由来，后世用于形容两人初次见面就产生了爱慕或深厚情谊。

寒酸的太守墓

崔遹是后燕的重臣，官至尚书左丞和昌黎太守，然而，在他的墓葬中却仅出土了 20 多件陶器和铜器，看起来有些寒酸。这应该与十六国时期的大动乱有关。据《晋书》记载，战乱与瘟疫使中国人口在三国晚期由汉末的 5600 万锐减到 800 万。前燕当时人口不足 250 万，到了后燕，经历与西燕和北魏的征战，人口已不足百万，昌黎地区人口在 20 万左右。由于当时人口减少、经济落后，崔遹的墓葬已算是厚葬了。

第八节

参合陂之战

文物档案

名　称：北魏陶武士俑
出土地：西安市草场坡
特　点：武士头戴盔胄、身穿铠甲，战马全身披具装。
收　藏：中国国家博物馆

386年，后燕皇帝慕容垂的外甥拓跋珪被推举为代王，重建代国，不久改称魏，史称北魏。然而，随着拓跋珪势力逐渐强盛，后燕与北魏的关系日益恶化。395年，慕容垂派太子慕容宝为主帅，率8万大军直取北魏都城，双方在参合陂（bēi）发生激战。拓跋珪采取"敌进我退，拖而不打"的战略，又故意散布"慕容垂已驾崩"的假消息。燕军信以为真，士气低落。而慕容宝心系皇位，便决定撤军。拓跋珪趁燕军懈怠之际发起伏击，导致燕军大败，死伤万余人。396年，年过七旬的慕容垂亲率大军讨伐北魏，行至参合陂时，看到成堆的燕军尸骨，悲恸大哭到呕血，自此一病不起。燕军只得退兵。北魏趁机攻破后燕都城，后燕政权瓦解，分裂为北燕和南燕。

博物馆小剧场　自大的后燕

1 我们准备攻打北魏啦！这拓跋珪原本是圣上的亲外甥，他能继承王位也多亏圣上推举。没想到，拓跋珪不仅不知道感恩，随着实力的增强，竟然起了反叛之心。这还了得？

2 圣上一举派出8万大军直取北魏都城，把魏军吓得慌了神，直接撤军，然后严防死守，就是不出兵。我们担心有什么诡计，只能隔着黄河与他们对峙，也不敢轻举妄动。

3 突然有消息传来，说圣上驾崩了！我们的队伍一下子炸了锅，统率大军的太子慕容宝当即决定撤兵回宫。有谋士建议我们要撤就快点撤，不然黄河一结冰就会被魏军赶上。可太子不以为然。

4 大家决定在参合陂这里休息下，结果一觉醒来，发现满山遍野都是魏兵，我们被包围了！我们在惊慌中乱成一团，面对魏军的进攻毫无还手之力。我大燕的将士啊！

　　参合陂之战是后燕与北魏改变各自国运的关键一战。参合陂战役中，北魏以少胜多击败后燕，加速了后燕的衰亡，为北魏统一中国北方奠定了坚实的基础。这场战役深刻影响了当时北方的政治格局，也反映了当时北方各民族之间复杂的关系和激烈的斗争。参合陂之战后，北魏实力大增，为赫连勃勃日后在北方扩张势力、建立胡夏政权提供了机会。

历史小百科

釉陶甲骑具装俑

南北朝时期的骑兵

　　南北朝时期，北方少数民族政权间的征伐不断。为提升军队的战斗力，鲜卑族慕容氏组建了极具杀伤力的重装骑兵。这类骑兵的特点是，马匹与士兵都披上重甲，因此也叫甲骑具装。甲骑具装在北方政权中得到有效推广。北魏墓葬出土的陶武士俑，清晰地展现了这一时期骑兵的风貌。

后燕与北魏是怎么交恶的？

　　燕魏两国关系起初很是友好。后来，北魏在拓跋珪的领导下，国力日益强盛，开始萌生灭燕之心。而后燕也意识到北魏的威胁，开始提防北魏。一次，北魏派使者拓跋觚（gū）到后燕进贡觐见，却被后燕扣留。后燕要求北魏用良马赎回。拓跋珪拒绝了后燕的要求，自此与后燕关系开始恶化。此外，北魏屡次进犯臣服于后燕的边塞部落，进一步加剧了双方的紧张态势。

第九节

建夏称雄的赫连勃勃

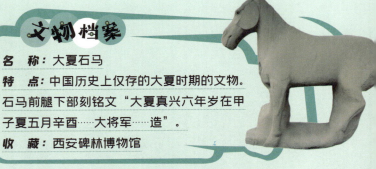
赫连勃勃的父亲刘卫辰是匈奴铁弗部的首领。391年，刘卫辰在与北魏作战的过程中被杀，于是赫连勃勃投奔了薛干部。北魏皇帝拓跋珪逼迫薛干部首领交出赫连勃勃，薛干部却将赫连勃勃交给了后秦皇帝姚兴。在后秦，赫连勃勃凭借杰出的军事才能获封安北将军，镇守朔方，连带被赏赐了2万余鲜卑百姓。407年，赫连勃勃叛变后秦，自立为天王、大单于，建立大夏国。417年，赫连勃勃趁刘裕灭后秦之机，夺取关中，进入长安，并于次年称帝。赫连勃勃当上皇帝后，政治上，实行秦汉的三公九卿制；军事上，以部落制和配兵制为主；经济上，农耕业与游牧业并重，设立专门的官府作场来管理手工业。这一时期匈奴人因与汉族长期杂居共处，逐渐汉化，形成了胡汉杂糅的局面。

博物馆小剧场　　日益繁荣的大夏国

1 最近，同僚们都在讨论，说我们现在的官僚体系被彻底汉化了。比如丞相、御史大夫、三公九卿，完全承袭汉族的统治制度，而我们从老祖宗那里保留下来的只有"大单于"这个名称了。

2 部落制是我们大夏国军事制度的基础，全国各地以部落为单位。部落首领平时管理部落内的事务和农业生产，战时就是将军，号令部落民众（此时就是士兵）参与战争。

3 为了发展经济，保证战时的供给，我们国家实行农业与畜牧业并重的政策。百姓有的主要从事农耕，种植桑树、桃树和李树等，有的则主要从事马匹、牛羊的养殖。

4 我们的手工业都由官府经营，生产的物品包括各类军用品、建筑材料、器物，以及宫廷专供的奢侈品等。我们还设立了专门的官府作场，由"将作大匠"负责管理工匠。

　　大夏国是十六国时期最后出现的政权，由匈奴人赫连勃勃建立。赫连勃勃认为匈奴是夏启的后代，故国号大夏。大夏国与周边各国的贸易往来和文化交流，促进了不同文明的融合与发展。但由于大夏国地处中原腹地，四周强敌环伺，加之内部政治斗争激烈，统治地位始终未能稳固。最终，在北魏的强势崛起和连续打击下，大夏国于 431 年正式灭亡，国祚 24 年。

🔍 历史小百科

大夏国勃勃改姓

　　匈奴上层贵族在汉朝时曾与皇室联姻，因此名义上拥有了刘姓皇族血统。赫连勃勃的祖先也因此随了母姓，姓刘。赫连勃勃原名叫刘勃勃，称帝后，他认为刘姓已不足以彰显其天子的尊贵地位，于是决定改姓。413 年，勃勃下诏改姓"赫连"，意思是帝王是天的儿子，而他的伟大光辉与天相连。

拜日习俗

　　早在西汉时期，匈奴就有"拜日之始升"的习俗，而大夏国国都统万城就体现了这一习俗。统万城的朝向没有像中原帝都那样面向正南，而是面向东方。从统万城的平面布局来看，宫城、内城、城郭的位置沿着一条接近东西向的轴线依次修建，刚好与太阳的东升西落相呼应。

第十节

东晋的谢幕时刻

文物档案

名　称： 东晋恭帝玄宫石碣

出土地： 南京市玄武区太平门东侧富贵山南

特　点： 发现于东晋恭帝陵寝，上刻"晋恭帝之玄宫"等字样。

收　藏： 南京博物院

　　399 年，起义军领袖孙恩率众反晋。东晋朝廷派北府兵参军事刘牢之率兵前往镇压。刘牢之手下大将刘裕在镇压孙恩起义中崭露头角。403 年，桓温之子桓玄趁京城防守空虚之机，强逼晋安帝司马德宗退位。次年正月，桓玄篡位称帝，国号楚，史称桓楚，改元永始。为除后患，桓玄大肆剿杀包括刘牢之在内的北府兵旧将。此时的刘裕表面上拥护桓玄，私下却开始准备起兵。404 年，刘裕联络北府兵中下级军官百余人，在广陵（今江苏扬州）起兵讨伐桓玄。最终，桓玄兵败身死，桓楚灭亡。次年，刘裕迎晋安帝复位，开始掌控东晋朝政大权。418 年，刘裕废晋安帝，立晋安帝的弟弟司马德文为帝，史称晋恭帝。

博物馆小剧场　刘裕的升迁之路

1 孙恩带着大批农民组成的起义军公然反晋。我们将军刘牢之奉命讨伐起义军，我跟随将军一起参战。我原本只是一个小小的参军，因为在这次战争中表现突出，自此受到将军的重用。

2 朝廷为了应对起义军，大量派兵出去，造成京城防守空虚，给了桓玄可乘之机。桓玄逼迫皇上退位，建立了楚政权。之后，他竟然对我们北府旧兵大开杀戒，将军也惨遭杀害。我一定要为将军报仇！

3 为求自保，我假意拥护桓玄，但是私下里，我偷偷联络了北府兵中下级的数百名军官。之后，我们在广陵起兵讨伐桓玄。经过一番斗争，桓玄被我们斩杀了。

4 为了稳定人心，我把皇上迎了回来。因为护卫有功，我获得了很多封赏，渐渐地把大权也握在了手中。之后我废掉司马德宗，另立司马德文为帝。但我怎么会就此满足？

东晋末年的孙恩起义消耗了晋廷兵力，造成京城防守空虚，这一方面给了盘踞长江上游军事重镇荆州的桓玄以可乘之机，另一方面让原本籍籍无名的刘裕得以崭露头角。刘裕因为在镇压孙恩起义等行动中作战勇猛，且指挥有方，屡建奇功，使得威望日增，最终联合北府兵众将推翻了桓玄的统治。刘裕虽然短暂恢复了东晋的统治，但东晋的灭亡已成为必然趋势。

🔍 历史小百科

司马德文射马

司马德文经常命人射杀马匹，并以此为娱乐。他甚至会让人把一匹马关在围墙内，让人用箭射它，看看几箭能把它射死，场面极其残忍。一位僚属劝谏司马德文说："马是国姓，而大王却命人杀死它们，这是非常不祥的事情，恐是亡国之兆啊！"司马德文听后也觉得忌讳，非常后悔自己的行为。没想到僚属一语成谶（chèn），东晋最终断送在了司马德文手上。

倒行逆施的桓玄

东晋末年，司马道子父子乱政，导致东晋国都建康局势动荡，这让桓玄抓住了掌权的良机。桓玄计划废除钱币，改用实物交易，并打算恢复肉刑，但大家抗议连连，导致法令草案未能出台。此外，桓玄十分缺乏明确目标，计划多而行动少。自篡位后，桓玄生活上骄奢淫逸，游猎无度，仅在位一年便被讨伐下台了。

第十一节

刘裕北伐中原

东晋自偏安以来，始终面临着来自北方的侵扰。东晋大将祖逖、殷浩、桓温等都曾先后进行北伐，但都没有成功。409 年，南燕军队侵扰淮北地区。刘裕觉得南燕正处于内乱之中，是北伐的最佳时机，便上书皇帝，请求北伐。获得朝廷批准后，刘裕迅速出兵向北挺进。晋军披荆斩棘，一路打到燕都广固，对其进行包围。晋军先用燕地的粮草充实军用，后采取分化瓦解的策略，使其大将相继归顺东晋，最终活捉了燕主慕容超，南燕灭亡。416 年，刘裕趁后秦易主政权动荡时，率领 1 万大军北征。后秦在胡夏和东晋的夹击下，顾此失彼，秦主姚泓只得投降东晋，后秦灭亡。刘裕通过两次北伐成功稳固了江淮流域的防线，拓展了东晋版图，成就了祖逖、桓温、谢安等人百年未竟之功。

博物馆小剧场　艰辛的北伐之路

1 我南征北战，终于拿下朝政大权了！没想到，南燕趁着我们政权动荡的时候屡犯我国边境。我刚巧听说燕国正处于内乱之中，当即上表请求北伐，然后以最快的速度发兵北上。

2 才刚交手，南燕的君主慕容超就吓得逃回了广固。我们乘胜北上，修筑壁垒围困燕都。我还通过厚待投降的将士，争取民心。最终，慕容超被我们活捉，南燕灭亡了。

3 听密探来报，后秦主姚兴病亡了。为了争夺帝位，后秦内部斗争十分激烈。加上他们和大夏、南凉和西秦连年征战，国力严重被削弱。这么好的消灭后秦的时机，我怎么会错过？

4 我们先是攻克了洛阳，随后夺取潼关。为了速战速决，我们和秦军在陕关展开激战。秦军将士看到秦王姚泓兵败，纷纷投降。攻克长安时，我们水陆夹击，姚泓投降，后秦终于灭亡了！

　　刘裕的北伐维护了国家统一，增强了东晋的实力，同时也提高了刘裕的威望。北伐之后，中原在一定时期内恢复了稳定与繁荣，人民得以休养生息。此外，通过北伐，东晋与北方政权实现了交流融合，促进了民族间的文化融合与发展。北伐的成功为东晋政权的稳固及后续南朝宋（史称刘宋）的建立奠定了基础，也为刘宋前期的休养生息提供了保障。

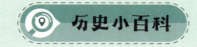

历史小百科

刘裕重用降将

　　刘裕在攻打南燕都城广固时，采取了招降纳叛的策略：先是减轻百姓的赋税和劳役，赢取民心；接着向南燕将领和官吏传达招降政策，承诺给予优厚的待遇和官职。南燕的尚书郎张纲便是归降的官吏之一。他向东晋投诚后，刘裕对其予以重用。事实上，东晋正是利用张纲设计的攻城器械，才得以拿下燕都，活捉了慕容超。

改制集权

　　刘裕登基后，专门颁布诏令，禁止设立独立的军府，并规定所有将士外出征战时，必须配备由朝廷直接指挥的军队，且战事结束后，这些军队需悉数归还朝廷。刘裕在临终时还留下遗诏，要求幼主即位后，将国家政务委托给宰相处理，明确禁止太后临朝干政。

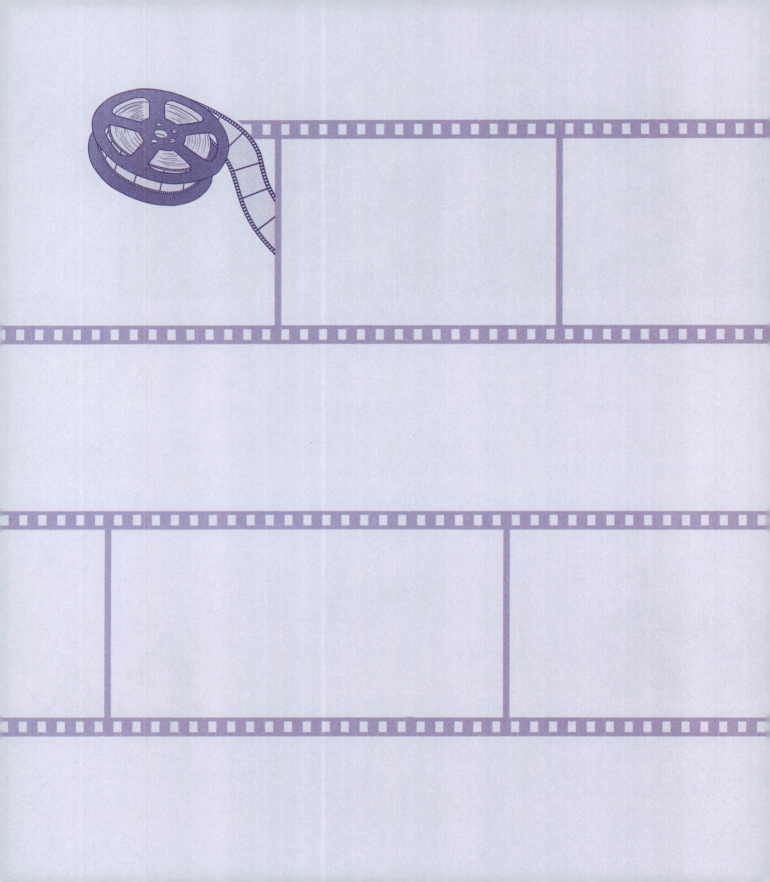

第四章

分裂的帝国：南朝

第一节

刘宋王朝的建立

文物档案

名　称：宋武帝刘裕初宁陵石刻

特　点：仅存石兽一对，其中西侧为独角麒麟，一腿完整，三腿断裂。尾巴已失。

地　点：江苏省南京市江宁区汤山街道

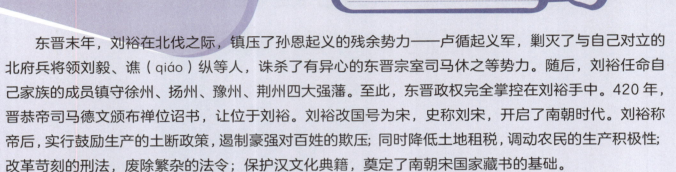

东晋末年，刘裕在北伐之际，镇压了孙恩起义的残余势力——卢循起义军，剿灭了与自己对立的北府兵将领刘毅、谯（qiáo）纵等人，诛杀了有异心的东晋宗室司马休之等势力。随后，刘裕任命自己家族的成员镇守徐州、扬州、豫州、荆州四大强藩。至此，东晋政权完全掌控在刘裕手中。420年，晋恭帝司马德文颁布禅位诏书，让位于刘裕。刘裕改国号为宋，史称刘宋，开启了南朝时代。刘裕称帝后，实行鼓励生产的土断政策，遏制豪强对百姓的欺压；同时降低土地租税，调动农民的生产积极性；改革苛刻的刑法，废除繁杂的法令；保护汉文化典籍，奠定了南朝宋国家藏书的基础。

下面让我们走进博物馆小剧场，一起看看刘宋王朝的新面貌吧！

 博物馆小剧场 　新王朝的改革整顿

1 新朝新气象。皇上登基后，为百姓谋取了不少福利。皇上下诏颁布土断政策，明令禁止豪强私自占有山湖，也不准他们乱收租税。我们百姓顿时感觉身上的担子轻了不少。

2 为了减轻我们百姓的负担，让我们安心从事生产，皇上还颁布了轻徭薄赋的政策，并多次下令减免税役。一些苛捐杂税也被一并免除了。皇上如此仁德，我们都干劲十足！

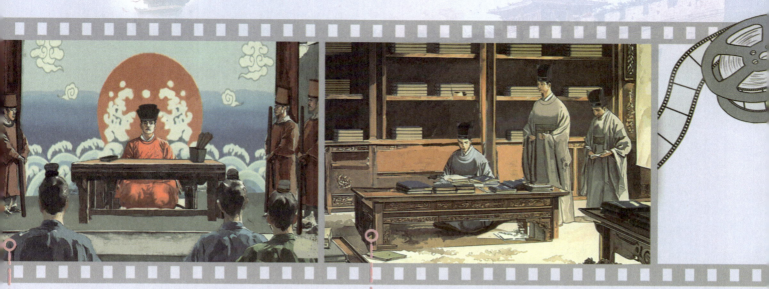

3 东晋的时候，刑法十分严苛，我们百姓苦不堪言。当今皇上不仅对这些刑法进行了调整，还经常亲自听讼。如果犯人需要接受刑罚，皇上会亲自过问，力求刑罚公正、公平。

4 别看皇上是武将出身，但对文化可不是一般的重视。北伐的时候，他就命人留意流落中原各地的书籍，并把它们运回建康。其中，皇上对赤轴青纸和古拙文字尤为钟情。

刘裕称帝后，进行了全面而深入的整顿和改革。在他的治理下，刘宋一度成为当时中国最强大的王朝，为后来的"元嘉之治"奠定了基础。然而，到了刘宋王朝后期，皇帝多年幼或无能，皇室内乱频发，大大削弱了刘宋王朝的统治力量，使得国家政权逐渐旁落。而在皇室内乱中崭露头角的萧道成，一步步控制了刘宋大权，最终成功篡位。

历史小百科

节俭的刘裕

　　刘裕身处贫寒之时，经常穿一件由妻子臧爱亲亲手缝制的棉袄，这件衣服陪伴他度过了许多艰难岁月。刘裕晚年时，将这件珍藏已久的棉袄交给长女会稽（jī）公主，并对她说："这是我做农民时穿的衣服，也是你母亲亲手缝制的，后世子孙如果有骄纵奢侈的，你就拿给他们看。"

禅位君主悲伤命运的开端

　　在刘裕取代东晋建立刘宋之前，历史上的禅位君主通常都能保住性命。然而，刘裕登基后，先是将禅位给他的晋恭帝司马德文贬为零陵王。之后，仅仅过了一年，刘裕就派人将晋恭帝杀害了。从这之后，禅位的君主几乎都难逃被杀的命运，这逐渐成为一种惯例。

第二节

萧道成建齐

472年，宋明帝刘彧（yù）去世，刘昱继位，史称后废帝。武烈将军萧道成因镇压桂阳王刘休范叛乱有功，被封为中领军等职，开始执掌朝政大权。萧道成与大臣袁粲（càn）、褚（chǔ）渊、刘秉轮流入朝处理国事，时称"四贵"。477年，萧道成诛杀了刘昱，改立刘準（zhǔn）为帝，史称宋顺帝。自此，萧道成将军政大权揽在手中。同年，荆州刺史沈攸之、中书监袁粲等起兵讨伐萧道成，结果兵败被杀。479年，萧道成逼迫宋顺帝禅位，代宋称帝，国号齐，史称南齐。萧道成执政后，废除了刘宋以来的严苛法令，实行救济贫民的政策；反对奢靡，倡导节俭；面对北魏的多次进攻，积极组织防御。此外，在文化方面颇有造诣的萧道成，不仅撰写了围棋著作，还格外强调对后代进行团结教育。

博物馆小剧场　**南齐的革新与崛起**

1 今天早朝，皇上下令废除以前严苛的刑罚，让百姓安心生产。之前刘宋统治时期，大家都怕一不小心就违反法令，受到严酷的惩处，几乎不敢出门，导致农业生产都被耽误了。怎么会有好日子？

2 当今皇上提倡节俭，反对奢靡。早在皇上还是辅政大臣的时候，就开始减少宫中的装饰品。登基后，我发现他的衣服上，别说是玉了，就连装饰物品都看不到。

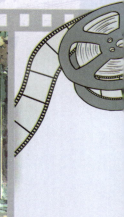

3 北魏真的一点儿也不消停，三番五次打我们的主意。皇上很清楚士兵们历经连年战乱，早已经疲惫不堪，不适合再战。所以，皇上一直积极组织防御，没让北魏占到一点儿便宜。

4 说起文章、书法和棋艺，皇上可算是一把好手。他不但是下棋高手，还撰写了《齐高棋图》二卷。皇上还喜欢品评大臣的诗歌和文章，那些文采好的大臣很受他的青睐。

　　南齐王朝的建立，标志着南朝进入了一个崭新的阶段。在萧道成执政期间，南齐内部政治稳定，经济得以复苏；对外与北朝通好，维护了边境安定，推动了南北文化的融合与发展。虽然南齐存在政治腐败、君主更迭频繁等问题，导致仅存在 24 年就灭亡了，但南齐在加强中央集权、促进经济发展、推动文化繁荣等方面所采取的措施，为后续的梁朝、陈朝等提供了借鉴和参考。

历史小百科

祖冲之和圆周率

　　祖冲之的祖父祖昌是刘宋王朝管理土木工程的官员，父亲祖朔之因学识渊博常受邀参加皇室的典礼，所以祖冲之自幼便受到良好的教育熏陶。三国时期的数学家刘徽首先提出了割圆术，祖冲之在此基础上继续在圆内进行切割计算。他首先将圆切割成内接多边形，然后逐步增加多边形的边数，并通过计算每个内接正多边形的边长，最终推算出了圆周率的精确范围。

萧道成的祖先之谜

　　《南齐书》中称萧道成的祖先是西汉的萧何，书里还把西汉宣帝时的大臣萧望之记载为萧何七世孙。考虑到这本书的作者萧子显是萧道成之孙，而且班固的《汉书》中并未提及萧望之与萧何的关系，所以，现代学者认为这一记载可能是萧氏族人出于家族荣誉而编造的。

第三节

热衷佛教的梁武帝

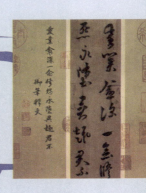

文物档案

名　称：梁武帝萧衍草书《异趣帖》

特　点：绢本。原文内容为"爱业愈深。一念修怨。永堕异趣君不"。另附译本。

收　藏：台北故宫博物院

　　齐世祖萧道成驾崩后，短短几十年间，南齐先后更换了几位帝王。498年，萧宝卷即位，史称齐废帝。因萧宝卷太过残暴，500年，雍州刺史萧衍在襄阳起兵，并于次年拥立南康王萧宝融称帝。502年，萧衍代齐称帝，国号梁，史称南梁，他就是梁武帝。萧衍执政期间，在内政上，修订《梁律》，优待贵族官僚；在官员选拔上，萧衍注重才能而非出身，强调"惟才是务"，为隋唐创立科举制度奠定了基础；经济上，重视农业生产，开禁山泽；文化上，大力提倡佛教。萧衍本人不仅精通文史，擅长音律、书法，还著有《通史》六百卷等。548年，颇受萧衍信任的东魏河南道大行台侯景举兵反梁，软禁萧衍，待萧衍饿死后，先后立太子萧纲、豫章王萧栋为帝。551年，侯景自立为帝，国号汉，至此梁朝灭亡。

博物馆小剧场　文韬武略的萧衍

1 萧宝卷真是太残暴了，不仅屠杀忠臣良将，连我的哥哥也惨死其手。所以我在襄阳起兵，之后推萧宝融为帝。我当然不甘心把天下拱手让人，所以第二年就自己称帝了，建立了梁朝。

2 律法直接关系到一个国家的安定与否。之前的律法既繁杂又混乱，我任命齐国旧臣蔡法度为尚书删定郎，带领尚书令等官员制定《梁律》。这套法律能更好地维护我的统治意志和权力。

3 刘宋王朝和南齐王朝之所以国运短暂，是因为皇帝的统治太过严厉，所以我要宽厚待人，不仅要尽力维护名门望族的地位，还要提拔出身低微但有才能的人委以重任，给他们足够的优待。

4 我认为宗教更有利于控制人们的思想，维护我的统治，尤其是佛教，我十分推崇。我下令让王公贵族、文武百官都虔诚礼佛，还在全国各地广泛修建佛寺，厚待僧侣。

　　萧衍上台后的种种施政举措，不仅巩固了皇权，也维护了社会的安定。然而晚年的萧衍沉迷于佛教，不理朝政，使得官吏贪污、百姓流亡非常严重的情况。此外，萧衍因盲目信任侯景，最终引发侯景之乱，这场内乱给梁朝带来了毁灭性的打击，使梁朝的政治、经济、文化都遭受了重创，国家陷入动荡不安的局面。后续几任皇帝更是昏庸无能，进一步加速了梁朝的衰亡。

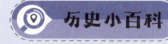

历史小百科

舍身出家的皇帝

　　萧衍晚年曾先后四次舍身出家。第一次萧衍到同泰寺出家，返回后大赦天下，改元大通。第二次萧衍又到同泰寺出家，还披上袈裟给众僧讲解《涅槃（niè pán）经》，后来由群臣献上 1 亿钱赎回。第三次萧衍出家时，还设立了法会，后由群臣捐两亿钱赎回。第四次萧衍舍身出家，在同泰寺住了 37 天，由群臣奉上"皇帝菩萨"赎金，他才回朝。

盛行佛教的南朝

　　南朝时期是中国历史上佛教文化非常兴盛的时期，寺庙众多，僧侣云集，仅在建康就有佛寺 500 余所，僧尼 10 余万人，其他郡县的数量则数不胜数。唐代著名诗人杜牧《江南春》中，有一句"南朝四百八十寺，多少楼台烟雨中"，就反映了这一盛景。

第四节

重振河山的陈霸先

548 年，南梁爆发侯景之乱，镇远将军陈霸先率军北上平叛。次年，陈霸先与南梁大将王僧辩联手大破侯景军队。554 年，王僧辩、陈霸先拥立晋安王萧方智为梁王，并掌控了军政大权。次年，北齐为了把南梁变为其附属国，将先前俘获的贞阳侯萧渊明送回。王僧辩私自立萧渊明为帝，引起陈霸先不满。陈霸先起兵杀死王僧辩，废黜萧渊明，让萧方智继位。557 年，陈霸先代梁称帝，建立陈朝，史称南陈。陈霸先以怀柔政策治国，崇尚简朴。他平等对待寒门庶族地主和士族门阀，缓和双方矛盾；实行轻徭薄赋的政策，使经济得以恢复。陈霸先多次击退北齐军入侵，对境内少数民族则主张采取"以夷治夷"的政策。此外，陈霸先优待冼夫人等少数民族首领，以稳固对岭南地区的统治。

博物馆小剧场　趁势而起的陈霸先

1 侯景的叛乱可让老百姓吃尽了苦头，幸亏我们圣上率军平定了侯景之乱，还百姓安定的日子。圣上本来是扶持萧方智当皇帝的，无奈萧方智能力不行，圣上才担负大任，自立为帝，建立陈。

2 为了稳定政局，圣上对待我们这些寒门庶族和士族门阀一视同仁。对老百姓则减轻赋税，鼓励百姓积极进行农业生产。同时，为了节约开支，圣上以身作则，大力倡导节俭。

3 北齐隔三岔五就来骚扰我们。还好圣上颇具军事才能，我们的大将也很给力，每次都大败北齐军。圣上还在边境部署戍卒，修筑防御工事，使我国的边境安全得到全面加强。

4 别看圣上对待外部的少数民族手段十分强硬，对待境内的少数民族却十分包容，实施"以夷制夷"的政策。圣上还一直优待冼夫人等少数民族首领，使得岭南地区颇为安定。

　　陈霸先趁南梁侯景之乱的机会，运用军事及政治手段推翻了梁朝的统治，建立陈朝，成就了一番霸业。在陈霸先统治期间，不仅加强了皇权，而且朝政、吏治清明，推动了社会的发展。然而，陈朝在发展壮大的同时，也面临着士族门阀制度的制约等问题，再加上陈霸先之后的统治者个个腐败无能，削弱了陈朝抵御外敌的能力。陈后主陈叔宝荒淫无度，最终导致陈朝走向了灭亡。

历史小百科

鼓舞士气的鸭肉饭

　　556 年，北齐大军攻入南梁都城建康时，守城的士兵因为饥饿疲惫，无力应战。关键时刻，陈霸先的侄子宣毅将军陈蒨送来了三千斛（hú）米和千余只鸭子。陈霸先喜出望外，立即给每个人发放了夹有鸭肉的荷叶饭。士兵填饱肚子后，士气大振，最终在这场力量悬殊的战斗中大获全胜。

崇尚节俭的陈霸先

　　陈霸先出身卑微，所以对百姓的困苦有着深刻的体会。他掌权后，日常饮食也非常简单。即便是招待客人，菜量也只是刚好够吃，使用的器具都是普通的瓦器和蚌盘，这与南梁时期高官贵族追求奢华享受的风气形成了鲜明的对比。陈霸先成为皇帝之后，依然保持着这种俭朴的生活方式。

第五节

亡国昏君陈后主

文物档案

名　称：南陈古胭脂井（辱井）

特　点：后人为了铭记陈后主亡国教训，在鸡笼山的鸡鸣寺侧立了这口井。

地　点：江苏省南京市玄武区玄武湖南侧鸡鸣寺内

　　陈霸先去世后，他的侄子陈蒨继位。566年，陈蒨去世，传位给嫡长子陈伯宗，因陈伯宗年幼，大权落入其叔父陈顼手中。568年，陈顼发动政变，自立为帝，同时立嫡长子陈叔宝为皇太子。582年，始兴王陈叔陵企图刺杀陈叔宝，后被大将萧摩诃擒杀。同年正月，陈叔宝继位称帝，次年改元至德。陈叔宝即位初期，下诏免征租税、奖励农耕，并先后10次大赦天下；对外常派使者出访隋朝，维护与隋的友好关系。渐渐地，陈叔宝开始沉溺酒色，不理政事，常与妃嫔、文臣竞猜诗谜。588年，隋文帝出征伐陈。沿江战报频传，陈叔宝却以"长江天险"为由不做防御，继续作乐。次年正月，隋兵攻破建康，陈叔宝带着嫔妃躲入井中（后世称此井为"胭脂井"），最终被俘。南陈灭亡。

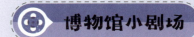

博物馆小剧场　南朝的最后一个政权

1 听说圣上当太子时，差点儿被弟弟陈叔陵刺杀！那是先帝去世的第二天，圣上正伤心呢，没想到陈叔陵突然拿出刀要行凶。陈叔陵当时虽然逃走了，后来还是被大将萧摩诃擒杀了。

2 圣上刚即位的时候十分体恤民众，先后10次大赦天下不说，还宣布免征租税，奖励农民耕种。为了维护周边局势的稳定，圣上常常派出求和使者出使强大的隋朝，搞好邻里关系。

3 这些年，圣上上朝也不积极了，还沉溺酒色，尤其喜欢和文臣、狎客们舞文弄墨。前几日有战报传来，隋朝要攻打我们了。然而，圣上不以为然，还说有长江天险，根本不必担心。

4 隋军已经打到家门口了！圣上带着嫔妃尽管躲进了井里，还是被找到了。我们这些大臣跟着圣上一起被迁往长安。虽说隋帝对圣上和我们都不错，但是失去了自己的国家，真的很心痛啊。

陈后主陈叔宝当政前期，算得上励精图治，采取了一系列利民政策，还维持了与隋朝的良好关系，确保了陈朝的稳定发展。但他统治的后期，不理朝政，沉迷于玩乐，让陈朝走向了终结。陈国作为南朝的最后一个政权，政治上的腐败和统治者的昏庸是导致其灭亡的重要原因。陈国的灭亡为南方的开发提供了有利条件，加速了南方经济的发展，使其逐渐成为中国经济的重心。

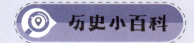

历史小百科

亡国之音《玉树后庭花》

《玉树后庭花》是南朝陈后主陈叔宝所作的一首宫体诗，全诗描绘了后宫的华丽与美人的容态姿色。由于这首诗诞生于陈朝的灭亡过程中，所以历来被视作亡国之音。唐代诗人杜牧创作的《泊秦淮》中，有一句"商女不知亡国恨，隔江犹唱后庭花"，意在讽刺陈叔宝面临亡国时亦不忘享乐的情境。

隋朝与陈朝交好的背后

陈宣帝陈顼在位时，曾趁杨坚平定北周尉迟迥、司马消难、王谦三位大臣叛乱之际，攻占了江北的很多城池。杨坚掌权后，很快收复了江北地区。没多久，陈宣帝驾崩。杨坚考虑到北方还有匈奴的威胁，担心他们随时可能攻打大隋，计划先集中兵力抗击匈奴，再灭陈。于是，杨坚便以"礼不伐丧"为由从与陈朝作战的战场撤了军，并借着陈后主求和的机会，与陈朝假意修好。

第五章
更迭频繁的北朝

第一节

魏太武帝统一北方

文物档案

名　　称：北魏文朗造像碑
出土地：陕西省铜川市漆河
特　　点：正面为龙首圆拱龛，上端雕瑞禽和飞天，龛中并坐两尊像。
收　　藏：铜川市药王山博物馆

386 年，鲜卑族拓跋珪建立北朝第一个政权，国号为魏。为了区别于三国曹魏政权，史称北魏。423 年，拓跋珪的孙子拓跋焘（tāo）即位，史称太武帝。拓跋焘在位期间，四处征伐。首先北伐柔然，使其四分五裂。426 年，进攻胡夏，5 年后胡夏灭亡。430 年，进攻北燕，6 年后北燕灭亡。439 年，拓跋焘又亲率兵马大战北凉，北凉皇帝沮渠牧犍出降，北凉灭亡。至此，北魏结束了割据局势，统一了北方。445 年，拓跋焘成功镇压了内部的吴盖起义，北魏进入鼎盛时期。拓跋焘在执政期间，重用崔浩、古弼等汉人，积极推进汉化；为缓和与敌国的矛盾，一度与胡夏、北凉和柔然进行政治联姻；实行农业、游牧业并行的经济制度，颁布均田制；确立了死刑复奏制度。

博物馆小剧场　　实现北方大一统

1 我登基后，柔然频繁侵扰我国边境，所以我把征服柔然定为统一北方的第一步。接着，我又攻灭了胡夏、北燕、北凉等诸多政权，最后驱逐了吐谷浑等势力。我终于一统北方了。

2 我从小在汉文化的熏陶下成长，很清楚汉族中央集权制度的优越性。为了进一步巩固统治，我非常重视汉人大臣的意见。在全国范围内，我大力推行汉文化，包括日常生活习惯等。

3 我把自己的妹妹嫁到了周边的政权国家。对于夏国的、凉国的和柔然的女婿，也通通来者不拒。我希望通过这种联姻的方式，筑牢与外邦的友好关系，让国内的百姓得以安享太平。

4 为了更好地发挥各民族的优势，我实行农业、畜牧业并行的制度，比如让汉人主营耕种，让鲜卑人主营放牧，互不干扰。我还将宫苑的土地改为民田，分给没有土地的百姓耕种。

　　北魏统一北方后，不仅结束了长期的战乱局面，也为北方地区带来了和平与稳定。然而，拓跋焘作为封建帝王，仍然没有摆脱民族的传统束缚，对各族人民的压迫和剥削仍然存在，导致民族矛盾和阶级矛盾尖锐。拓跋焘去世后，拓跋焘的孙子拓跋濬继位，在他的皇后冯氏的影响下，北魏拉开了进一步改革的序幕。

历史小百科

幸存的魏文朗造像碑

　　魏文朗造像碑是北地郡三原县民魏文朗所造。446 年，太武帝拓跋焘颁布诏令，要求将所有佛像、佛图形象，以及胡经（即佛教经典）销毁，这块造像碑奇迹般地留存了下来。该碑后有百余字的发愿文，被认为是北魏时期最早的石刻发愿文，也是造像题记的开篇之作。

从谏如流的魏太武帝

　　444 年，内阁大臣古弼收到一封举报信，上面说因皇家苑囿（yòu）占地过多，导致百姓无田耕种。古弼入宫奏报时，拓跋焘正在和大臣刘树下棋。古弼等了很久都没有机会禀报，情急之下揪住刘树，责骂他没有治理好国家。拓跋焘惊异于古弼的公正耿直，不但没有怪罪他，还听从古弼的建议将土地赐给百姓。

第二节

冯太后临朝称制

　　452年，拓跋焘的孙子拓跋濬（jùn）登基，史称文成帝。此时，冯氏被选为贵人。文成帝在位期间，宣布恢复佛教，始建云冈石窟。456年，冯氏被册封为皇后。次年，文成帝去世，年仅12岁的拓跋弘继位，尊冯氏为皇太后。拓跋弘就是献文帝。因献文帝年幼，由丞相乙浑辅政。乙浑趁势专权，诛杀朝臣，后被冯太后密谋诛杀。自此，冯太后开始临朝听政。471年，献文帝拓跋弘禅位给年仅5岁的长子拓跋宏，史称北魏孝文帝。冯氏成为太皇太后，再次临朝称制。冯太后在执政期间，颁布俸禄制、均田令和三长制；重用汉臣，积极推行汉化；改革户调制，以巩固统治，增加国家财政收入。490年十月，冯太后病逝，葬于永固陵，谥号"文明太皇太后"。

博物馆小剧场 ｜ 足智多谋的冯太后

1 丞相乙浑见献文帝年幼，图谋篡位。冯太后暗中联合朝臣将其诛杀，并开始临朝听政。献文帝成年后，因与冯太后在理政上冲突，18岁时将皇位禅让给5岁的拓跋宏。5年后献文帝去世，冯太后再次临朝称制。

2 我们官员之前是没有薪俸的，所以大家都靠贪污敛财。冯太后推行俸禄制，就是官员可以按照品级高低来领取俸禄了。自此之后，如果谁再贪污，就会被判处死刑！

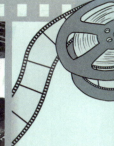

3 冯太后又颁布了均田令，让一些失去土地的农民有地可种。此外，冯太后还推行三长制，即在邻、里、党各设一长，合称"三长"，负责核查户口和催征赋税，以维护国家的长治久安。

4 冯太后规定了严格的等级和尊卑秩序，同时积极推行汉化政策，还创立太学等学府，培养大量有才能的汉族官员。冯太后选拔了很多汉族官员进入朝廷，并委以重任。我就是被太后选拔上来的。

北魏冯太后临朝称制期间，两次粉碎了政变阴谋，维护了中国北方的统一。此外，冯太后推行的一系列吏治改革举措，推动了北魏社会的政治、经济恢复与发展。在对孝文帝的教育上，冯太后亲自教养，对其实施了系统的汉文化教育，并以自身卓越的政治才能为典范，为孝文帝日后的汉化改革与统治奠定了坚实的文化基础。

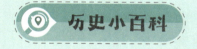

历史小百科

云冈石窟的来历

云冈石窟的开凿始于北魏文成帝时期，由高僧昙曜发起。昙曜因梦到佛光普照而深受启发，向文成帝建议开凿石窟弘扬佛法。文成帝被昙曜的虔诚打动，下令在武州山南麓开凿石窟。云冈石窟的开凿历经北魏、东魏、西魏、北齐、隋、唐等朝代，前后历时约150年。

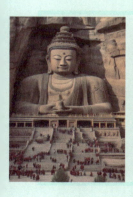

冯太后的仁慈

北魏时期，有一个会道术的尼姑名叫法秀，因煽动谋反被捕。狱卒给她套上铁笼头后，铁笼头会自行解脱。狱卒就用铁丝穿过她的颈骨，导致其死亡。大臣因为法秀一事，认为应该处死所有和尚、尼姑。而冯太后反对滥杀无辜，主张谁有罪就处死谁，最终保全了数万条无辜的生命。

第三节

北魏孝文帝的汉化改革

　　北魏孝文帝拓跋宏继位时年仅 5 岁，朝政一直由冯太后辅助执掌，同时他也在冯太后的亲自教导下一点点成长起来。孝文帝自幼开始，在冯太后的教养下学习汉文化，不仅熟读儒学经典，还积累了一定的治国知识。490 年，冯太后去世，孝文帝开始亲政。为了推行汉化改革，孝文帝先是以南伐为名，力排众议迁都洛阳，又赐死了太子元恂（xún）、鲜卑贵族穆泰等反对汉化改革的上层势力。在深化汉化改革的进程中，孝文帝实行了改官制、禁胡服、说汉语以及改汉族姓氏等一系列举措。待国力增强后，孝文帝又征伐南齐，复兴礼乐，怀柔四夷；提倡佛教，完成了对云冈石窟的修造，同时开凿龙门石窟。499 年，孝文帝病逝，葬于长陵。

博物馆小剧场　北魏孝文帝的为政举措

1 我从小就被皇祖母教导着学习汉文化和儒家经典。在皇祖母的授意下，我大胆整顿吏治，颁布均田制、三长制等一系列政策。我相信，通过这些改革可以促进国家的稳定与发展。

2 为了国家的长远发展，我不顾群臣反对迁都洛阳。太子元恂竟然将我所赐的汉服撕毁，并杀害了规劝他的大臣高道悦。我当即把他贬为庶人。我改革的决心容不得一丝动摇！

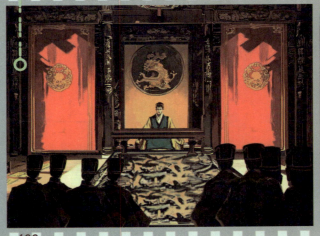

3 我让大臣们都学着说汉语，穿汉服，就连姓氏也要改成汉姓。为了起到表率作用，我带头把自己的鲜卑姓"拓跋"改成汉姓"元"。看哪个大臣还敢不改？

4 我一直想把南北朝统一起来，所以亲率20万兵马大举南伐。可惜因为太过劳累，我不幸身染重疾，怕是无法看到统一的那天了。我只能一遍遍嘱咐将士们务必"荡平南方"！

　　北魏孝文帝推行的一系列改革，不仅巩固了封建统治，还极大促进了鲜卑族和汉族的融合，为社会的稳定发展奠定了基础。然而，改革也触动了封建豪强的利益，引发了他们的抵制。比如孝文帝引入并强化的门阀制度，加速了鲜卑贵族的腐化，致使部分地方势力心生不满，开始反抗。北魏后期，权臣尔朱荣正是利用这些社会矛盾发动河阴之变，对北魏政权造成极大的冲击。

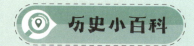

历史小百科

龙门石窟的来历

　　龙门石窟位于河南省洛阳市南郊，始建于北魏孝文帝时期。从北魏到宋共营造了2300余座窟龛、10万余尊造像、2800余块碑刻，是世界上造像最多、规模最大的石刻艺术宝库。其中，古阳洞开凿年代最早，佛龛、碑刻、绘画最为丰富。古阳洞是北魏孝文帝为纪念冯太后而建的功德窟。窟内的雕刻、绘画展现出民族融合的特色，承载着孝文帝汉化改革的壮阔历史。

孝文帝家族内的汉化举措

　　为了深化汉化政策，孝文帝不仅在朝廷上下推行一系列改革，还在家族内部进行了影响深远的婚姻调整。他将弟弟们原先娶的鲜卑女子降为妾室，并亲自为他们聘娶汉族女子为正妻。他让二弟咸阳王元禧迎娶了原颍川太守李辅的女儿；三弟河南王元干与原中散大夫代郡人穆明乐的爱女结为夫妇；四弟广陵王元羽的新妇是骠骑谘（zī）议参军郑平城的女儿。

第四节

北魏政权易主的河阴之变

文物档案

名　称：北魏元略墓志

出土地：河南省洛阳市城北安驾沟

特　点：属于北魏皇家墓志，又称"元氏墓志"。元略是景穆皇帝的曾孙。

收　藏：辽宁省博物馆

　　北魏孝明帝时，契胡族酋长尔朱荣因参与镇压起义有功，被封为镇北将军，开始掌控大权。528年，孝明帝因不满胡太后专权，密诏尔朱荣率军南下。胡太后发觉后，将孝明帝毒杀，立3岁的元钊为帝。尔朱荣趁机直取洛阳，拥立长乐王元子攸为帝，史称孝庄帝。尔朱荣先是将胡太后和幼主元钊投入黄河淹死，又以"祭天"为名，诱使2000多名官员聚集到陶渚，然后进行大肆屠杀，使得元氏贵族与世家大族死伤惨重，这一事件史称河阴之变。此后，尔朱荣独掌北魏朝政。530年，孝庄帝在大臣的协助下，刺杀了尔朱荣。尔朱荣之侄尔朱兆听闻后，率兵诛杀了孝庄帝。随后，尔朱氏的大将高欢和宇文泰发动反叛，分别占据关东和关中地区。北魏自此分裂为东魏和西魏。

博物馆小剧场　北魏政局的动荡

1 叔叔自从承袭先王爵位以来，战功赫赫，曾为朝廷镇压了诸多起义，一举晋升为镇北将军，开始大权在握，可谓风光无限。然而，英勇无比的叔叔岂会满足于一个将军之位？

2 孝明帝因不满胡太后专权，秘密下令让叔叔率军南下。哪知道胡太后竟把孝明帝毒杀了，还立了3岁的元钊为帝。机会难得！叔叔率军直取洛阳，拥立元子攸为帝，一举揽下北魏大权。

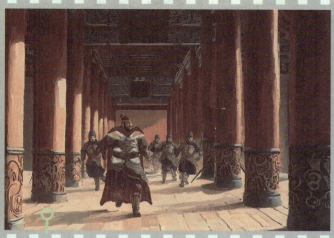

3 叔叔很担心旧势力威胁到自己，于是一不做二不休，先是淹死了胡太后和小皇帝元钊，又以"祭天"的名义把文武百官聚集到陶渚。之后大门一关，让士兵们对这些大臣痛下杀手。

4 真没想到，叔叔居然被皇帝的伏兵砍死了！原来，皇帝早就对叔叔的专权不满了，居然趁着叔叔入宫探视女儿的机会，对他下毒手！好你个元子攸，我绝不会饶了你！

　　河阴之变不仅决定了北魏的政局走向，还对北朝政权演变以及士族与武人势力的消长产生了深远影响。河阴之变彻底打破了北魏原有的政治平衡，孝庄帝与尔朱荣之间的矛盾激化后，未能建立稳定新的秩序，反而陷入内乱与混战之中。乱世之中，高欢等势力趁机崛起，最终导致北魏分裂，北朝历史由此翻开了新的篇章。

历史小百科

尔朱荣庇护贪官

　　520 年，北魏宗室大臣元乂（yì）发动政变，把持了朝政。他的父亲元继倚仗儿子的权势，大肆贪污受贿，但无人敢指责。尔朱荣在还是直寝将军的时候，曾多次用上好的马匹贿赂元乂。等到尔朱荣得势后，又将元继提拔为太师、司州牧，使得恶贯满盈的元继得以安享晚年。

乱认父亲的尔朱荣

　　尔朱荣率领军队途经肆州时，被肆州刺史尉庆宾拒之城外。尔朱荣便率兵将肆州攻打了下来，并俘获了尉庆宾。然而，尔朱荣不仅没有杀尉庆宾，还认他为父。原来，尉庆宾出身于鲜卑八姓之一的"尉氏"，尔朱荣此举是想借助尉庆宾的高贵血统，为自己增添一份显赫的家世背景。

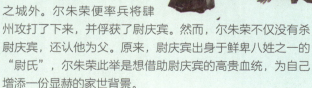

第五节

高欢掌控东魏政权

文物档案

名　称：东魏刘懿墓志

出土地：山西省忻县

特　点：初拓本，字势遒劲，笔法严谨。刘懿是高欢的少年挚友。

收　藏：山西省博物馆

　　高欢的祖父高谧（mì）曾官至北魏侍御史，后因犯法，被发配到边疆的怀朔镇。高欢虽然是汉人，但从小与鲜卑人杂居，生活习俗逐渐鲜卑化。在北方爆发葛荣起义后，高欢先后投奔到杜洛周、葛荣麾下，但都没有得到重用。最后，高欢投靠了北魏权臣尔朱荣，因其武艺高强且善于谋略，被任命为晋州刺史。在尔朱荣遇刺身亡后，高欢成为尔朱荣侄子尔朱兆的部将。530年，尔朱兆诛杀孝庄帝，高欢对此极为不满。次年，高欢在信都拥立元朗为帝，并起兵讨伐尔朱兆。532年，高欢在韩陵大败尔朱兆军，进驻洛阳，废元朗，另立元脩（xiū）为帝，史称孝武帝。534年，孝武帝不愿受高欢控制，西逃长安，投奔宇文泰。高欢又立元善见为帝，建立东魏，并自任丞相，掌控东魏政权。

◉ 博物馆小剧场　　高欢的崛起之路

1 我祖上曾做过高官，后来落魄，我一直渴望复兴祖业。我先后投奔杜洛周和葛荣的义军，期望成就一番大业，可惜接连失败。后来我投奔了尔朱荣大王，得到赏识，还被封为晋州刺史。

2 在大王被孝庄帝杀死后，大王的侄子尔朱兆上位了，我成为他的部将。但是没想到，尔朱兆居然杀死了孝庄帝，独揽兵权。我对此非常不满，打算脱离尔朱兆的控制。

3 随着实力增长，我不甘心臣服于任何人，所以我扶持元朗为帝，公开反叛尔朱氏。在韩陵一战中，我用3万步兵击败了尔朱氏的20万联军。哈哈，我真的太厉害了！

4 我先后废了元朗、元恭两位不听话的皇帝，然后扶持好把控的元善见为帝，还将都城迁到了邺城，彻底摆脱了北魏旧势力的束缚，建立了东魏政权。而我成为大权独揽的丞相了。

高欢从一个落魄子弟最终成为东魏的权臣，其中的艰辛可想而知。东魏建立后，高欢为了获得鲜卑权贵的支持，大力推行利于鲜卑化的政策。然而，鲜卑权贵多数是依靠军功起家的，因此常常骄纵不法，贪图聚敛财富，使得东魏的政治渐渐陷入腐败。而西魏在宇文泰的统治下，更倾向于汉化，这种差异也对两方政权的稳定产生了较大影响。

🔍 历史小百科

高欢与刘懿的友谊

据史书记载，刘懿就是刘贵，是高欢的少年挚友。高欢和刘贵两人早年在北魏怀朔镇结识并成为好友。他们情投意合，经常一起饮酒高论或外出狩猎。《北齐书》上记载，二人是"奔走之友"。高欢初次投奔尔朱荣时，并未受到重视。刘贵则积极向尔朱荣推荐高欢，并盛赞其才能和美德。高欢见到尔朱荣后，纵论天下大势，最终得到了尔朱荣的赞赏和重视。

快刀斩乱麻

高欢想根据6个儿子的才智选出继任者。他给儿子们一堆乱麻，让他们比赛谁能最先整理好。在其他几个儿子忙于解开乱麻的时候，二儿子高洋果断地抽出刀，一刀将乱麻斩断。这个举动让高欢很是震惊，也让他见识到了高洋的与众不同。后来，高洋建立北齐政权，成为北齐文宣帝。这一典故被后人称为"快刀斩乱麻"。

第六节

宇文泰统治下的西魏

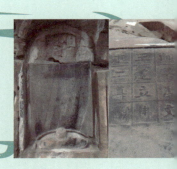

　　宇文泰同高欢一样，曾参与葛荣起义，失败后被尔朱荣收编，又因战功卓越成为北魏将领贺拔岳的副将。北魏孝武帝元脩为了制衡高欢的势力，开始提拔贺拔岳。高欢便联合将领侯莫陈悦暗杀了贺拔岳。宇文泰为了给贺拔岳报仇，率军攻杀了侯莫陈悦。534年，孝武帝与高欢不和，投奔宇文泰。次年，宇文泰找借口诛杀了孝武帝，立元宝炬为帝，建都长安，国号为魏，史称西魏。宇文泰以丞相之职掌握军政大权。为了改变西魏力量薄弱的局面，宇文泰促使皇帝颁布了六条诏书，并恢复了鲜卑旧姓；创立了府兵制，以增强军队的凝聚力；改革均田制，促进了经济发展。此后，西魏和东魏开始了连年的征战，北方陷入了无尽的硝烟之中。

🎬 博物馆小剧场　　　逐渐强大的西魏

1 身为西魏的丞相，我必须改变西魏地盘小、力量弱的局面，好抗衡强大的东魏和南梁。我颁布了"先治心、敦教化、尽地利、擢贤良、恤狱讼、均赋役"六条诏书，力求实现政治经济的发展。

2 我手下大多是长期戍边、没怎么汉化的六镇军人，还有一大批关陇豪族。为了缓和鲜卑人和汉人之间的矛盾，我恢复鲜卑旧姓，赐予汉人鲜卑姓，这能顺应六镇的鲜卑化意愿，笼络人心。

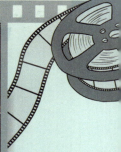

3 为了提升军队的凝聚力，我创立了府兵制，设立 8 个柱国大将军，各柱国所统领的府兵不归郡县管辖，也不用负担课役。总之，要给士兵足够优厚的待遇，让他们专心提升武力。

4 我对均田制进行了改革，重新制定了授田的数量和租调、徭役的征收标准，而且规定官吏和豪绅不能擅自隐匿户口和土地，赋役方面也力求公平。现在农民耕种的积极性明显提高了。

宇文泰建立西魏政权后，与东魏和南梁形成了三足鼎立的局面。他推行一系列改革，极大地促进了西魏社会的安定，提升了国力。553 年，宇文泰利用南梁萧纪与萧绎争斗的机会，出兵夺取了益州。次年，宇文泰又一举攻破江陵，使得西魏疆域进一步扩大。改革为军事行动筑牢了根基，开疆成果又巩固了改革成效，共同为之后的北周统一北方奠定了基础。

 历史小百科

善于纳谏的宇文泰

宇文泰是一位善于倾听臣下意见、勇于接受谏言的领袖。早在 539 年，他就表现出对民众反馈的重视，特意在京城阳武门外设置了纸笔，以收集各方意见和建议，借此了解国家治理的得失。当丞相府记室柳虬向他提出应该多听取忠诚正直的言论时，宇文泰不仅接受了这个建议，还要求史官在记录历史时，必须真实反映事实。

刻碑表忠心

556 年，宇文泰北巡宁夏、甘肃时染病身亡。数月后，宇文泰的三子宇文觉登基，改国号周，史称北周。为表达对宇文家族的忠心，驻防武壤郡的 11 位将帅在简阳界的东大路边的天落石上，为宇文泰立碑刻像，并刻凿了"周文王庙碑"，碑像一体，象征对新王朝的忠诚与敬仰。

第七节

高洋称帝，建立北齐

文物档案

名　称：北齐文宣帝高洋墓大门吏俑

出土地：河北省磁县湾漳村高洋墓

特　点：陶俑高 1.42 米，是迄今发现的魏晋南北朝时期最大的陶俑。

收　藏：河北博物院

　　546 年，东魏权臣高欢率军围攻西魏的玉壁，遇到西魏名将韦孝宽的顽强抵抗，损失惨重。高欢忧愤成疾，于次年二月去世，其长子高澄独担东魏大任，后被膳奴杀死，高欢次子高洋继任相位。次年，高洋迫使东魏孝静帝元善见禅让，代魏称帝，国号齐，史称北齐。高洋即位之初，对内加强中央集权，确立律、令两大类法典，沿袭北魏的均田制。高洋重视国史修纂，在全国范围内征集史料。军事上，高洋先后出兵征伐契丹、突厥、南梁，掠夺了大量人口和牲畜，使得北齐的疆域不断扩大，国力也日渐强盛。然而，高洋执政不久便开始沉溺享乐，滥杀无辜，政权也出现明显的鲜卑化倾向。高洋去世后，汉族士人的地位愈发低下，北齐陷入政治腐败的局面。

博物馆小剧场　　北齐的高开低走

1 圣上希望用法律来治理国家。所以圣上在先前法律的基础上，确立了以《北齐律》为核心的"律"和规定政治、社会各方面制度的"令"两大法典。初步实现了儒家礼教和法家法律的完美结合。

2 我朝刚开始沿用的是北魏的均田制，就是授予成年男子田地耕种，到了 65 岁的时候再归还给国家。后来圣上下诏，让百姓迁徙到土地更广阔的区域，以便更好地实施均田制。

3 圣上很重视文化建设，不仅诏令在全国范围内征集国史资料，组织史官纂修国家史书，还鼓励我们这些文人开展文学创作和交流活动，有力推动了文学的发展。

4 不知道为什么，近年圣上好像换了一个人，不仅经常喝酒生事，还肆意滥杀无辜。他在朝堂上更加重视那些鲜卑权贵的意见，我们这些汉族士人地位却越来越低下了。

　　高洋在位期间，推行政治、经济和文化等方面的改革措施，使得北齐社会得到了相对稳定的发展，一举成为与北周比肩的北方两大主要政权之一。在一段时期内，双方在政治、经济、文化等多个领域展开了激烈的竞争和对抗。然而，高洋在执政后期的残暴滥杀等行为，引发朝廷内部的强烈不满和反抗，最终导致北齐走向灭亡。

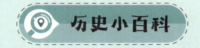

历史小百科

残暴的高洋

　　北齐开国皇帝高洋虽然在管理国家上颇具能力，但有一个极其可怕的嗜好，就是喜欢杀人取乐。为了避免更多无辜者遭殃，丞相杨愔（yīn）将死囚犯送到高洋身边，作为"供御囚"，专供他杀戮。这些囚犯不仅要在皇宫中候着，在高洋出行时还要跟在车队后面，随时准备成为高洋的杀戮对象。

为什么古人会穿鞋头上翘的鞋子呢？

　　在南北朝时期有一种颇具特色的鞋子，因为鞋头高翘，形似笏（hù）板而被取名为笏头履。这种鞋子之所以流行，据分析可能有以下几个原因：首先，它可以托起袍边，防止行走时被绊倒。其次，它增加了鞋子的耐用度。最后，它体现出古人对上天的信仰与尊崇，与古建筑顶角上翘的寓意相通。

第八节

宇文家族统治下的北周

文物档案

名　称：北周宇文觉墓志

出土地：陕西省咸阳市渭城区周陵街道

特　点：正面楷书镌刻"周故略阳公宇文觉墓二年十月壬申"，并以朱砂描红。

收　藏：陕西省考古研究院

556 年，宇文泰去世，其第三子宇文觉继承了爵位，由其侄子宇文护辅政。次年，掌控军政大权的宇文护强逼西魏恭帝元廓禅位，宇文觉受禅登基，改国号为周，史称北周。同年九月，宇文护诛杀了宇文觉，另立宇文泰的庶长子宇文毓（yù）为帝。宇文毓在位期间，对内改革郡县制度、整顿吏治，对外击退了吐谷浑部落，巩固了北周边境。此外，宇文毓多次下诏减免赋税，减轻刑罚。560 年四月，宇文护毒杀了宇文毓。宇文毓临终时口授遗诏，传位于四弟宇文邕（yōng），史称北周武帝。北周武帝在位期间，颁布《大律》等律法，减免租税，将大量奴婢释放为平民，使得北周国力日益强盛。572 年，北周武帝诛杀了权相宇文护，开始独揽朝政。

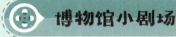

博物馆小剧场　动荡的北周政权

1 身为北周老臣，我目睹了政权的更迭。丞相宇文泰去世后，其三子宇文觉继承了爵位。第二年，宇文觉便在大将军宇文护的帮助下，受禅称帝，成为我大周政权的开国皇帝。

2 宇文觉的皇位还没坐热，便被宇文护杀了。之后是宇文毓继位。宇文毓不但改革了州郡制度，还击退了吐谷浑部落的侵犯，保证了我国边境的安宁。真是难得的明君啊。

3 宇文护竟然又毒杀了宇文毓。幸亏宇文毓口授了遗诏，当今皇上才得以继位。皇上不仅颁布《大律》，巩固了统治；还释放大批奴婢为平民，推行减免租税等举措，使大周的经济迅速发展起来。

4 宇文护的野心皇上当然清楚。皇上韬光养晦多年，终于找到机会诛杀了宇文护。自那之后，皇上便吸取教训，收回了兵权，亲自掌管。如今，我们的皇上终于可以大展拳脚了！

宇文护在北周建立后，三年内连杀元廓、宇文觉、宇文毓三帝，虽然手段残忍，但也在一定程度上巩固了宇文家族的统治地位。然而，他的专权行为引发了朝臣的强烈不满和反抗，最终导致了他的悲惨下场。北周武帝宇文邕登基后，一边韬光养晦，一边通过军事和政治手段，结束了自北魏以来北方长期的分裂割据局面，实现了北方的统一。

 历史小百科

礼贤下士的宇文毓

宇文毓即位后，极为敬重有才能的人。他曾亲自写诗赠给当时的名士韦夐（xiòng），想让他出山辅佐自己。韦夐收到信后深感荣幸，写诗回复宇文毓，表示愿意按时入朝觐见。宇文毓知道韦夐喜欢喝酒，下令官府每日供应河东酒一斗给他，并尊称韦夐为"逍遥公"。

宇文邕和宇文护的较量

宇文邕即位初期，对手握大权的宇文护表现出极大的顺从，以此降低宇文护的戒心。而私下里，宇文邕一步步将宫廷禁军的统领大权握在手中，并任命亲信担任重要职务。572 年，宇文邕利用宇文护入宫拜见太后的机会，突然用玉珽（tǐng）猛击宇文护头部，并命令亲信将其杀死，最终夺回了属于自己的大权。

玉珽

第九节

北方大一统

文物档案

名　称： 北周十三环蹀躞（xiè）带

出土地： 陕西省咸阳市北周武帝宇文邕墓

特　点： 铜质，质朴无华，十三环体现了帝王规制。为宇文邕生前所佩戴。

收　藏： 陕西省考古博物馆

　　长期以来，北周和北齐一直处于相互伐戮的状态，双方互有胜负，实力大体相当。自从北周武帝宇文邕亲政后，局势发生了很大变化。北周经武帝的一系列改革后，日益强大，而北齐则日渐衰落。575 年，趁北齐内忧外患之际，北周武帝亲自率军在河阴地区讨伐北齐。此次交战，北周虽然没有取得胜利，却使北齐内部矛盾更加激化。次年，北周武帝再次率军东伐北齐，在平阳大败北齐军。北齐皇帝高纬率军退回晋阳，被北周武帝率军破城。高纬又退至邺城，并禅位给年仅 8 岁的儿子高恒。577 年正月，高恒从邺城出逃到济州。北周军趁势攻入邺城，高恒又传位于任城王高湝（jiē）。二月，北周军攻下了信都，一举俘虏了高湝等人。至此，北齐灭亡，北周实现了北方的统一。

博物馆小剧场　势不可挡的统一战争

1 我们北周在圣上的治理下越来越强盛了。趁着北齐内部矛盾日益尖锐，圣上亲自率军讨伐北齐。虽然这场战役没有取胜，却让北齐暴露出了更多问题，打败北齐只是早晚的事。

2 我们在平阳把北齐打得落花流水。北齐皇帝高纬退回晋阳。我们乘胜追击，又把高纬打到了邺城。关键时刻，高纬竟然把皇位禅让给了只有 8 岁的太子高恒。这是为了保命吗？

3 高恒一个小孩子有多大能耐？我们一打，他就逃跑了。邺城被我们轻而易举拿下了，北齐文武百官也都投降了。高恒在慌乱中，又把皇位传给了任城王高湝。

4 可惜，北齐早已是强弩之末，无论谁当皇帝都挽救不了了。仅仅一个月时间，我们就攻下了信都，并抓获了高湝和高恒。北齐灭亡了，圣上终于实现了统一北方的宏愿。

北齐灭亡的根本原因在于北齐无法妥善处理内部的民族和阶级关系，导致国力逐渐衰弱。相比之下，北周在"关中本位政策"的推动下，成功地解决了民族关系问题，使得国家日益强盛。此外，北齐后主高纬昏庸无能，天灾又频发，再加上北周和南陈的联合进攻，最终导致了北齐的灭亡。北周结束了北方政权的分裂状态，为隋朝的大一统局面打下了坚实的基础。

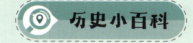

历史小百科

释放奴婢的宇文邕

宇文邕秉持勤俭治国理念，多次减免赋税、兵役，并赦免死囚。在宇文邕还未完全掌权时，他就开始释放年老奴婢。亲政后，他更是将江陵被俘的奴婢都赦免为平民。此后，宇文邕逐步扩大赦免范围，释放大批奴婢、杂户为平民，极大程度上提升了生产力。此后，宇文邕还下诏赦免河南诸州被掠为奴婢的百姓，将那些丧失劳动力的奴婢也当作正常人看待。

宇文邕早逝之谜

宇文邕年仅 36 岁便英年早逝了，这一直引发外界猜测。专家揭示其早逝的原因可能是长期服丹药导致砷（shēn）中毒。服用丹药是当时社会上层所崇尚的一种生活方式。而宇文邕遗骨中的砷、铅元素含量明显偏高，很可能是长期服食丹药的结果，而这极有可能对他造成致命的伤害。